Schattauer

WISSEN & LEBEN

herausgegeben von Wulf Bertram

Wulf Bertram, Dipl.-Psych. Dr. med, geb. in Soest/Westfalen, Studium der Psychologie, Medizin und Soziologie in Hamburg. Zunächst Klinischer Psychologe im Universitätskrankenhaus Hamburg Eppendorf, nach Staatsexamen und Promotion in Medizin Assistenzarzt in einem Sozialpsychiatrischen Dienst in der Provinz Arezzo/Toskana, danach psychiatrische Ausbildung in Kaufbeuren/Allgäu. 1986 wechselte er als Lektor für medizinische Lehrbücher ins Verlagswesen und wurde 1988 wissenschaftlicher Leiter des Schattauer Verlags, 1992 dessen verlegerischer Geschäftsführer. Aus seiner Überzeugung heraus, dass Lernen Spaß machen muss und solides Wissen auch unterhaltsam vermittelt werden kann, konzipierte er 2009 die Taschenbuchreihe »Wissen & Leben«, in der mittlerweile mehr als 50 Bände erschienen sind. Bertram hat eine Ausbildung in Gesprächs- und Verhaltenstherapie sowie in Psychodynamischer Psychotherapie und arbeitet als Psychotherapeut in eigener Praxis.
Für seine »wissenschaftlich fundierte Verlagstätigkeit«, mit der er im Sinne des Stiftungsgedankens einen Beitrag zu einer humaneren Medizin geleistet hat, in der der Mensch in seiner Ganzheitlichkeit im Mittelpunkt steht, wurde Bertram 2018 der renommierte Schweizer Wissenschaftspreis der Margrit-Egnér-Stiftung verliehen.

Veronika Stegmüller

Gefühle surfen.
Eine Reise zu dir selbst

Schattauer

Veronika Stegmüller
Schraudolphstr. 1
80799 München
Veronika.Stegmueller@web.de

Schattauer
www.schattauer.de

Printed in Germany
Cover: Bettina Herrmann, Stuttgart
unter Verwendung einer Abbildung von © shutterstock/EpicStockMedia
Gesetzt von Eberl & Koesel Studio, Altusried-Krugzell
Gedruckt und gebunden von Friedrich Pustet GmbH & Co. KG, Regensburg
Lektorat: Karla Seedorf
Projektmanagement: Dr. Nadja Urbani
ISBN 978-3-608-40080-9
E-Book ISBN 978-3-608-11966-4
PDF-E-Book ISBN 978-3-608-20588-6

Bibliografische Information der Deutschen Nationalbibliothek
Die Deutsche Nationalbibliothek verzeichnet diese Publikation in der Deutschen Nationalbibliografie; detaillierte bibliografische Daten sind im Internet über http://dnb.d-nb.de abrufbar.

Für C.

Inhalt

TEIL I GEFÜHLE SURFEN

TEIL III NEGATIVE GEFÜHLSWELLEN ABFEDERN

TEIL IV LEICHTIGKEIT UND LEBENDIGKEIT ZURÜCKGEWINNEN

TEIL V SELBSTWERTGEFÜHL ODER: DER EITRIGE ZAHN

Einleitung

Es gibt kein Leben ohne Krise. Das ist schon mal sicher. Unser Weg besteht aus Höhen und Tiefen. Aus einem beständigen Auf und Ab, wie bei den Wellen des Meeres. Im Laufe der Zeit werden wir von manch einer Welle mitgerissen oder überrollt, denn das Leben ist wie das Meer bewegt von Stürmen und Strömungen. Manchmal vergessen wir, dass dieses beständige Wechselspiel aus Hoch und Tief der eigentliche Normalzustand ist und dass schwierige Zeiten und Krisen zu unserem Dasein genauso dazugehören wie die angenehmen Momente und schönen Seiten.

Viele denken, psychisch gesund sein bedeutet, dauernd glücklich und zufrieden sein zu müssen, doch das ist ein Irrglaube. Psychisch gesund sein heißt, Höhen und Tiefen gleichermaßen zu erleben, zu akzeptieren und bewältigen zu können, ohne von ihnen weggespült oder überrollt zu werden. Das bedeutet, Traurigkeit, Angst, Einsamkeit, Scham, Schuld oder Wut und all die anderen schmerzhaften Gefühle im Leben tatsächlich zu spüren. Es heißt, verletzlich zu sein, sich diesen Empfindungen zu stellen und sie offen zu zeigen, anstatt sie zu vermeiden. Denn Gefühle sind nichts Krankhaftes, sondern etwas völlig Normales und Menschliches. Das ist alles andere als leicht und Fühlen ist zugegebenermaßen manchmal einfach anstrengend. Nichtsdestotrotz ist es ein unverzichtbarer Teil eines gesunden und erfüllten Lebens.

Dieses Büchlein soll ein Wegweiser dafür sein, Gefühle wieder ins Leben zu lassen, die Angst vor ihnen zu verlieren und mehr Gelassenheit mit schwierigen Gefühlen zu entwickeln, um die Höhen und Tiefen gleichermaßen zu meistern. Es geht darum, Emotionen gesund bewältigen zu lernen, sie nicht mehr zu vermeiden und dabei sogar innehalten zu können, um das

Leben wieder zu spüren. Dies soll eine Hilfe für einen bewussteren und achtsameren Umgang mit Gefühlen sein. Du kannst deine emotionale Intelligenz verbessern, indem du lernst, deine Gefühlsströme klarer und differenzierter zu betrachten. Damit erweiterst du deinen Handlungsspielraum (also deine Reaktionsmöglichkeiten). Du kannst dadurch freier, flexibler und zufriedener werden. Lerne, deine Gefühle auf gesunde Weise zu surfen, anstatt sie zu verdrängen oder dich von ihnen überschwemmen zu lassen.

Viele Menschen haben Probleme mit dem Fühlen. Sie haben es entweder nicht gelernt oder wieder verlernt, Gefühle bewusst wahrzunehmen, sie mitzuteilen und sie auf gesunde Weise zu regulieren. Die weite Verbreitung von Sucht, Depression und Ängsten in unserer Gesellschaft spricht für diese Annahme.

Beschäftigen wir uns mit Gefühlen, stoßen wir unweigerlich auf das Thema Bedürfnisse. Wir werden auf unserer Reise entdecken, wie wir über einen bewussten Umgang mit Gefühlen unsere wahren Bedürfnisse kennenlernen und zu einem ausgeglicheneren Leben gelangen können. Dabei werden wir uns mit alten Wunden auseinandersetzen müssen, den emotionalen Schmerzen aus der Kindheit. Denn im Laufe des Lebens werden wir verletzt und diese emotionalen Wunden sitzen tief. Sie tun weh und übernehmen manchmal im Hier und Jetzt noch die Kontrolle über uns, indem sie intensive Gefühlswellen auslösen. So, als hätte die Vergangenheit immer noch Macht über uns. Wir können lernen, diese alten Wunden und Gefühlswellen anzunehmen, um sie letztlich loszulassen.

Dieses Buch enthält eine Reihe an Ideen, wie du mehr Selbstmitgefühl entwickeln und besser für dich sorgen kannst, um mehr positive Gefühlswellen in dein Leben zu bringen. Du lernst, deinen »inneren Kritiker« leiser zu drehen und den »inneren Antreiber« oder »Perfektionisten« dazu zu bringen, in einem gesunden Maße für dich zu arbeiten. Wir machen uns außerdem auf die Suche nach der Lebendigkeit. Und wir finden heraus, wie man über die Gefühle den Selbstwert wiederfindet. Vielleicht schaffen wir es am Ende schließlich, das Glück aus dem Keller zu lassen, um wieder unbeschwert, spontan und fröhlich die spielerischen Wellen des Lebens zu reiten.

Lerne, deine Gefühle zu bewältigen, anstatt dich von ihnen kontrollieren zu lassen. Hier findest du einen Surfkurs der Gefühle, den du brauchst, wenn du dich allein fühlst, Angst hast, wütend oder traurig bist, wenn du dich schämst, dich verloren glaubst, von deinen Gefühlen regelrecht überschwemmt wirst oder wenn du vielleicht gerade gar nichts mehr fühlst. Aber auch wenn du einfach neugierig darauf bist, dich selbst neu zu entdecken.

Dieses Büchlein soll dich auf dem Weg ein Stück weit begleiten. Tragen kann es dich nicht. Dafür ist es viel zu klein. Egal wo man im Leben gerade steht, es ist immer erlaubt und richtig, sich Hilfe zu holen. Wenn du das Gefühl hast, allein nicht weiterschwimmen zu können, dann hole dir Hilfe. Wende dich an einen Psychologen, eine Ärztin oder eine Beratungsstelle. Du bist damit nicht allein. Vielen anderen Menschen geht es gerade genauso. Denn kein Leben ist ohne Krise. Die Wartelisten bei Psychotherapeut:innen sind lang. Leider. Patient:innen müssen häufig mehrere Monate auf einen Therapieplatz warten, weil der Bedarf so groß ist. Einen kleinen Wegweiser, wie man einen Therapieplatz findet, gibt es im Anhang.

Wie wir alle aus eigener Erfahrung wissen, können Ratschläge manchmal wie Schläge sein. Deswegen will ich hier keine Ratschläge geben. Ich möchte nur mögliche Wege nennen und eine kleine Landkarte anbieten, die dir zeigt, wie du auf Entdeckungsreise zu dir selbst gehen kannst, um reflektierter und bewusster mit deinen Emotionen umzugehen.

Beim Schreiben wurde ich inspiriert durch zahlreiche Begegnungen mit den unterschiedlichsten Menschen im Kontext meiner klinischen Arbeit als Psychologin und Psychotherapeutin. Gemeinsam haben wir oft über viele Wochen und Monate zusammengesessen, geredet, beobachtet, verstanden, verändert, ausprobiert, geübt und von vorne angefangen, bis das Leben wieder ein wenig leichter wurde. Denn das Leben ist manchmal einfach schwer. Zusammengefasst sind hier die wichtigsten Erkenntnisse aus diesen Begegnungen. Es ist eine Sammlung an Strategien, die vielen meiner Patient:innen und Klient:innen auf ihrem Weg zu sich selbst ein Stück weitergeholfen hat.

Alle Erfahrungen und Beispiele, die hier geschildert werden, sind Kernthemen aus Therapiesitzungen. Ich beschreibe aber keine Einzelschicksale. Alle Inhalte sind so verändert, dass es keine Hinweise auf konkrete Personen gibt.

Sei einfach neugierig und trau dich, alte Muster zu durchbrechen. Wir haben den Luxus, immer zu den alten Mustern zurückkehren zu können, wenn uns das Neue nicht gefällt.

Teil I

Gefühle surfen

1 Warum wir Gefühle verdrängen, vermeiden und betäuben

Die Angst vor den Gefühlen

Gefühle begleiten uns ein Leben lang. Ohne sie wäre alles ziemlich grau und leer. Kaum vorstellbar, so ein Leben ohne Gefühle. Sie gehören zum Menschsein wie Hunger und Durst. Gefühle stehen für Lebendigkeit, Leidenschaft und Verbundenheit. Schon als Säuglinge und Kleinkinder brauchen und nutzen wir sie, um unseren Bezugspersonen unsere Bedürfnisse mitzuteilen und das Überleben zu sichern. Gefühle sind existenziell. Wir kommunizieren über Gefühle mit unseren Mitmenschen und feinfühlige Eltern reagieren prompt und sensibel auf den Gefühlsausdruck ihrer Kinder. Sie trösten sie bei Traurigkeit, ermutigen bei Angst und beruhigen bei Wutanfällen. Gefühle helfen uns außerdem, unser Verhalten zu steuern, um Ziele bestmöglich zu erreichen. Wenn uns zum Beispiel jemand etwas wegnimmt oder uns zu nahetritt, dann werden wir in der Regel wütend. Die Wut zeigt uns an, dass unsere Grenzen verletzt sind oder uns Unrecht getan wurde. Sie hilft uns dabei, Ziele für unsere Handlungen festzulegen, d.h. sie gibt uns die Energie, uns zu wehren.

Aber Gefühle helfen nicht nur bei der Wahrung unserer Grenzen, sie stellen vor allen Dingen auch Nähe zwischen Menschen her. Wer seine Gefühle teilt, wird von anderen eher als authentisch und nahbar wahrgenommen als jemand, der sie versteckt. Und nur wer sie zeigt, kann getröstet, ermutigt oder beruhigt werden. Dabei ist es selbst im Erwachsenenalter durchaus wohltuend, jemanden zu haben, der mitfühlt oder sogar beim Fühlen hilft.

Gefühle können sehr vielfältig und vielschichtig sein. Sie haben verschiedene Gesichter, Facetten und Nuancen – und auch ihre Schattenseiten, wie wir alle wissen. Sie sind Segen und Fluch zugleich, denn sie können wunderbar und angenehm, aber auch sehr quälend sein. Manchmal sind sie so schmerzhaft, dass sie zur vermeintlichen Bedrohung werden und wir Angst vor ihnen bekommen. Was aber passiert, wenn wir vor lauter Angst damit beginnen, gegen sie anzukämpfen, sie zu vermeiden, zu unterdrücken oder betäuben zu wollen? Was, wenn wir keinen Mut zum Fühlen mehr haben? Wenn wir anfangen, uns jeden Abend mit einer Flasche Wein in den Schlaf zu trinken, um zum Beispiel Einsamkeit nicht mehr spüren zu müssen oder um Stress abzubauen? Uns stunden- oder tagelang in Serien oder Videospiele flüchten, weil wir unglücklich oder unzufrieden sind und Wut, Frust oder Enttäuschung nicht mehr ertragen? Was, wenn wir zwischenmenschliche Beziehungen meiden aus Angst, verletzt zu werden? Was, wenn wir nicht mehr zur Arbeit oder in die Schule gehen können, weil wir uns der Angst zu versagen nicht mehr aussetzen können? Wenn wir anderen gegenüber aggressiv werden und sie abwerten, damit wir uns selbst nicht minderwertig fühlen müssen? Oder wenn wir uns Schaden zufügen, um nicht mehr fühlen zu müssen? Mit der Angst vor den Gefühlen beginnt oft eine Abwärtsspirale. Denn die Angst vor Gefühlen und der ständige Versuch, sie zu vermeiden, verursachen massiven Stress. Gegen Gefühle anzukämpfen, sie dauerhaft betäuben oder verdrängen zu wollen ist, als würde man einen Deckel auf einen brodelnden Vulkan legen, während im Inneren alles weiterkocht und gärt. Der Druck wird irgendwann zu groß und damit entstehen neue Probleme. All das geschieht oft unbemerkt, denn selten denken wir bewusst über unsere Empfindungen nach. Ohne es zu bemerken beginnen wir oft, schmerzhafte und bedrohliche Gefühle durch schädliche Strategien wegzudrücken. Die unterdrückten Gefühle werden dann zum Dauerstress. Es braucht Kanäle, über die er sich entladen kann. Wer hat nicht schon mal erlebt, wie befreiend zum Beispiel Weinen sein kann?

»Ich will endlich keine Angst, Traurigkeit, Wut, Scham oder Schuld mehr fühlen«, »Ich will, dass endlich alles gut ist«. Viele Menschen denken, negative Gefühle seien etwas Krankhaftes oder Unnormales, das beseitigt werden müsse. Zu Beginn einer Psychotherapie sind manche zunächst irritiert, wenn sie erfahren, dass es nicht möglich ist, Angst, Wut oder Traurigkeit aus dem Leben zu verbannen, und dies nicht das Ziel sein darf. Im Gegenteil, das wäre fatal. Denn gar nichts mehr zu fühlen bedeutet in der letzten Konsequenz Depression. Ziel einer Therapie ist es in vielen Fällen, die Angst vor den negativen, unangenehmen und schmerzhaften Gefühlen zu verlieren. Es geht darum, sie anzunehmen, sie zu akzeptieren, sie aushalten zu lernen, um sie auf gesunde Weise bewältigen zu können, anstatt sie wegzudrücken oder durch schädliche Maßnahmen lindern zu wollen.

Zunächst einmal muss eingeräumt werden, dass das kurzfristige Unterdrücken von belastenden Emotionen aus psychologischer Sicht eine normale und menschliche Reaktion ist. Die Betonung liegt hier auf dem Wort kurzfristig. Wir Menschen wollen Unangenehmes grundsätzlich gern vermeiden und entwickeln schon von Kindesbeinen an sogenannte Bewältigungs- oder Copingstrategien im Umgang mit emotionalem Schmerz. Es ist eine Art Schutzmechanismus. Jeder Mensch tut das auf seine eigene, ganz individuelle Weise und das ist auch richtig so. Man kann nicht dauernd immer nur fühlen. Gefühle zu unterdrücken hilft uns kurzfristig, bei Gefahr oder in emotional belastenden Situationen weiter zu funktionieren und unseren Alltag zu gestalten. Bei Trauer, Angst, Ärger, Schuld und all den anderen schmerzhaften Gefühlen schaffen wir es in der Regel, weiter zur Arbeit zu gehen, Vorträge zu halten, Gehaltsverhandlungen zu führen, die Kinder zu versorgen, den Einkauf zu machen, unsere Rechnungen zu bezahlen, Beziehungen zu pflegen und Konflikte auszutragen. Bei Liebeskummer zum Beispiel ist es von Vorteil, die Traurigkeit oder die Wut streckenweise ignorieren zu können, damit man seinen Alltag meistert und nicht heulend in der Arbeit oder der Schule sitzt. Die menschliche Psyche braucht derartige Bewältigungsstrategien für Gefühle, um das Überleben und die Zugehörigkeit zur Gesellschaft zu sichern. Kurzzeitig ist das hilfreich, sofern wir uns den Gefühlen irgendwann später stellen, sie empfinden und schließlich verarbeiten. Dauerhaft unterdrückte Gefühle werden hingegen häufig zur Gefahr. Sie verursachen Stress und es kostet uns im Laufe der Zeit immer mehr Energie, sie unter der Oberfläche zu halten. Unverdaut können sie im Untergrund massiven Schaden anrichten.

Wie wir mit Gefühlen umgehen, ist individuell sehr unterschiedlich und unter anderem davon abhängig, wie wir es in der Kindheit gelernt haben. Im Laufe unseres Lebens eignen wir uns bestenfalls gesunde, manchmal aber auch ungesunde oder gar selbstschädigende Strategien der Emotionsbewältigung an. Die ungesunden oder selbstschädigenden Verhaltensweisen reichen von schlichter Verdrängung oder Leugnung von Gefühlen bis hin zu Alkohol- und Drogenkonsum oder Selbstverletzung, um nur einige Beispiele zu nennen.

Sind negative Gefühle so stark und lang anhaltend und glauben wir zudem, mit ihnen nicht mehr fertigzuwerden, entwickeln sie sich für uns zum Problem. Wir wollen sie dann schnellstmöglich loswerden und dafür ist uns jedes Mittel recht.

Aus diesen verdrängten, unbearbeiteten Gefühlen entwickeln sich jedoch oft massive Beschwerden. So wird eine Angsterkrankung meist durch die Vermeidung von Angstgefühlen aufrechterhalten. Das klingt paradox, ist aber logisch, wenn man sich den psychologischen Mechanismus dahinter genauer ansieht. Menschen, die unter einer Angststörung leiden, tun beinahe alles, um ihre Angstgefühle nicht mehr spüren zu müssen. Vermeiden, verdrängen, betäuben. Sie nehmen vielleicht sogar Beruhigungsmittel, trinken Alkohol, um runterzukommen, vermeiden U-Bahnfahrten und große Menschenansammlungen. Oder sie trauen sich nicht mehr aus dem Haus, weil sie fürchten, eine Panikattacke in der Öffentlichkeit zu bekommen oder sich zu blamieren. Aus Angst vor der Angst schränken sie ihren Aktionsradius nach und nach ein oder betäuben sich mit verschiedenen Substanzen, bis das Leben zum Stillstand kommt. Durch das Vermeidungsverhalten wird die Angst aber nicht beseitigt, im Gegenteil: Sie wird dadurch regelrecht konserviert und immer größer, da die Person sich ihr nicht konstruktiv stellt. Der oder die Betroffene wird damit keine korrigierende Erfahrung machen, er oder sie wird also nicht erleben, dass die befürchteten Katastrophen nicht eintreten. Die Angst bleibt unbearbeitet immer mindestens auf demselben Niveau. Die Vermeidung verringert nur für einen kurzen Moment die Intensität der Angst, denn wer zu Hause bleibt, muss erst mal nichts mehr fürchten. Langfristig ist diese Art der Bewältigung jedoch schädlich, weil sie die Angst nicht nachhaltig mindert, aber den Aktionsradius des Menschen immer weiter einschränkt, womit neue und zum Teil noch gravierendere Schwierigkeiten entstehen: Abhängigkeitserkrankungen, Arbeitsunfähigkeit und die Einschränkung des Soziallebens sind hier als Beispiele zu nennen.

Kritisch sind die Taktiken des Vermeidens, Verdrängens und Betäubens also nicht, wenn wir sie das ein oder andere Mal kurzzeitig anwenden, sondern wenn sie zu einem Dauerzustand werden, über den wir die Kontrolle verlieren, und damit schließlich Leid erzeugen oder Schaden anrichten.

Man kann sich eine Angststörung wie ein großes Monster vorstellen. Das Angstmonster ernährt sich von Vermeidung und wird dadurch immer größer und dicker. Irgendwann ist es so mächtig, dass es sich auf einen draufsetzt, einem die Luft zum Atmen nimmt und das Leben quasi anhält. Es lähmt. Das Angstmonster schrumpft nur dann zusammen, wenn die Person sich ihm stellt, es also an die Hand nimmt und lernt, mit Angst umzugehen, anstatt sie zu vermeiden. Man muss das Angstmonster erst einmal mitnehmen, um es nachhaltig loszuwerden. Es sozusagen aushungern, indem man auf Vermeidung verzichtet. Auf dieser Logik baut die sogenannte Konfrontations- oder Expositionsmethode als Mittel der Wahl zur Behandlung von Angststörungen in der Verhaltenstherapie auf. Konfrontation ist das Gegenteil von Vermeidung. Es bedeutet, sich den negativen Emotionen und den gefürchteten Situationen zu stellen. Das kann so anstrengend sein wie Marathonlaufen. Dazu braucht es Mut, den viele Menschen zunächst alleine nicht aufbringen können. Es fehlt ihnen oft auch die Kraft, um sich mit ihren Ängsten zu konfrontieren, und das Wissen über die Mechanismen, welche eine psychische Störung aufrechterhalten und verstärken. Dabei ist allein das Wissen darüber oft schon die halbe Miete auf dem Weg zur Besserung. Verstehen wir die psychologischen Prozesse hinter unseren Verhaltensweisen, ist es um ein Vielfaches leichter, sie zu durchbrechen oder zu verändern.

> Angst wird durch Vermeidung aufrechterhalten
> und sogar verstärkt!

Wenn man Gefühle dauerhaft verdrängt, vermeidet oder betäubt, können die langfristigen Folgen dieser Vermeidung zu psychischen und körperlichen Problemen führen. Die Folge davon sind oft chronische Erschöpfung, Gereiztheit, Sinnlosigkeitserleben und Leere bis hin zu Burn-out und Depression, Angststörungen, psychosomatischen Beschwerden und Süchten. Durch das ständige Unterdrücken von Gefühlen verlieren wir außerdem den Zugang zu uns selbst. Wir spüren uns und unsere Bedürfnisse irgendwann nicht mehr und können diese dann auch nicht mehr erfüllen. Oft liest man, negative Gefühle und emotionaler Stress verursachen psychische und körperliche Beschwerden. Aber Vorsicht bei der Interpretation dieser Aussagen. Ja, negative Gefühle verursachen Stress und dieser wirkt sich auf Psyche und Körper aus. Aber für kurze Zeit können wir das ohne bleibende Schäden gut verkraften. Die Nervosität oder Angst vor einem Vortrag zum Beispiel wird kurzzeitig vielleicht Magen-Darm-Probleme verursachen, der Körper kommt allerdings schnell wieder ins Gleichgewicht, wenn die Stresssituation vorüber ist. Gesundheitsschädlich werden Emotionen erst dann, wenn wir sie dauerhaft unterdrücken, sie also nicht mehr aufgelöst werden können und wir schädliche Mittel und Verhaltensweisen einsetzen, um sie zu dämpfen und zu bekämpfen.

Wir Menschen haben zum Teil tatsächlich Angst vor unseren eigenen Gefühlen. Ja, Angst. Weil Gefühle belastend, schmerzhaft, unangenehm und anstrengend sein können, sind wir zu regelrechten Emotionsphobikern geworden *(Phobie kommt aus dem Altgriechischen und bedeutet Furcht).* Wie bei einer Spinnenphobie oder bei Höhenangst, nur dass der Grund für die Angst hier die eigenen Gefühle sind.

Auch weil sie in unserer Gesellschaft als Schwäche angesehen werden, fürchten wir Gefühle. Und was wir fürchten, das meiden wir. Deshalb tun wir beinahe alles, um Gefühle wie Angst,

Einsamkeit, Scham, Schuld, Minderwertigkeit, Traurigkeit oder Wut (und es gibt noch so viele mehr!) nicht mehr spüren zu müssen. Wir haben keine Toleranz mehr für unangenehme Gefühle in einer Gesellschaft, in der wir unaufhörlich nach dem Glück streben. Selbstoptimierung verspricht uns die Freiheit von negativen Gefühlszuständen. Ein glücklicheres und erfolgreicheres Leben. Platz für die schwierigen Gefühle scheint es bei den meisten Mentaltrainer:innen und Lebensratgebern nicht zu geben. Du wirst dich nie wieder schlecht fühlen, wenn du dich nur selbst genug liebst und jeden Tag meditierst, preisen sie ihren Anhängern an. Die Verbreitung von Selbstoptimierungstechniken in den sozialen Medien trägt zu diesem inszenierten, ewig glücklichen Gesellschaftsbild bei. Man redet uns ein, sobald wir etwas Negatives fühlen, stimme mit uns etwas nicht. Sicher sind Selbstliebe und Meditation eine gesunde Form der Emotionsregulation und können dabei helfen, Gefühle zu bewältigen. Aber ein dauerhaftes Eliminieren aller belastenden Gefühle aus unserem Leben und beständiges Glück kann damit sicher nicht erreicht werden. Denn das gibt es nicht. Ist man dann trotz Meditation und angestrengter Selbstliebe mal traurig, wütend oder ängstlich, sind Frustration und Verzweiflung meist nicht weit. Negative Gefühle werden in unserem Leben niemals ausbleiben. Eine nachhaltigere Form der Selbstoptimierung wäre es, mit den schmerzhaften Empfindungen und krisenhaften Zeiten im Leben gesünder umgehen zu lernen. Wir müssen aufhören, die unangenehmen Emotionen als etwas Schädliches, Bedrohliches oder Krankhaftes zu bewerten.

Die Hitliste der Vermeidungsmaßnahmen

Negative und unangenehme Gefühle sollen verschwinden. Dabei greifen wir hier und da schon mal zu ungünstigen bis ungesunden Mitteln, um die unerträglichen Emotionen zu beseitigen. Das Gefühl muss weg!, ist oft die Devise. Die Auswahl der entsprechenden Mittel ist groß: Auf der Hitliste der Gefühlsvernichter stehen der Missbrauch von Alkohol, Drogen und Medikamenten, Selbstverletzung, Videospiele, Sex und Pornografie, Essen, Erbrechen, Hungern, exzessives Arbeiten oder Sporttreiben, Prokrastination (also das Aufschieben unangenehmer Tätigkeiten), Zwänge und die Flucht in Parallelwelten durch Serien und Beziehungsabbrüche. Oder gar das komplette Vermeiden enger Bindungen, denn besonders im zwischenmenschlichen Bereich kommt es oft zu starken und schmerzhaften Gefühlen. Wir sind wahre Meister des Verdrängens, Vermeidens und Betäubens, frei nach dem Motto: »Das will ich jetzt nicht spüren müssen!«, »Ich will keine Angst mehr haben, ich will nicht mehr traurig sein«, »Ich darf nicht wütend sein«. Wir fressen Gefühle in uns hinein, schlucken sie runter, trinken sie weg, betäuben sie oder rennen wie aufgeputschte Duracell-Häschen von einem Termin zum nächsten, um bloß nicht zur Ruhe zu kommen und fühlen zu müssen. Jede freie Minute wird verplant. Lücken werden gefüllt. Mit sich alleine sein wird zur Bedrohung. Gefühle? Bitte nicht! Unerträgliche Gefühle können wir also zeitweise durch Alkohol, Drogen, Medikamente, oder andere ungesunde Verhaltensweisen abschwächen oder an der Oberfläche sogar vollständig neutralisieren.[1]

Ist es nicht erstaunlich, wie kreativ wir Menschen dabei sind, Gefühle auszumerzen? Eine Weile funktioniert das in der Regel ganz gut – bis uns irgendwann die Kraft ausgeht, es keine Ablenkung mehr gibt und die Betäubung nicht mehr funktioniert. Dann bricht die Gefühlswelle mit aller Wucht über uns herein.

Alle Mauern, die man so sorgfältig um sein Innerstes herum gebaut hat, um nichts Unangenehmes mehr spüren zu müssen, werden weggespült. Der Druck entlädt sich und die Gefühle überschwemmen alles. Wir katastrophieren, explodieren oder versinken in tiefer Depression, wenn wir keine gesunden Strategien gelernt haben, um diesen Gefühlen Herr zu werden.

Dieser Mechanismus kann am Beispiel Liebeskummer verdeutlicht werden: Trauer, Wut und Enttäuschung werden schnell mit Alkohol betäubt, mit Ablenkung bekämpft, durch neue Partner:innen oder schnell wechselnde sexuelle Abenteuer überdeckt. Doch kommt man zur Ruhe und steht keine Ablenkung mehr zur Verfügung, spürt man plötzlich all die unterdrückten, schmerzhaften Gefühle von Trauer, Wut und Einsamkeit sehr intensiv. Hat man keine konstruktiven Bewältigungsstrategien zur Hand und nicht gelernt, diese Emotionen zu tolerieren, beginnt ein Teufelskreis: Die Gefühle werden als so heftig, extrem unangenehm und überfordernd wahrgenommen, dass wieder alles Erdenkliche versucht wird, um sie zu unterdrücken, zu vermeiden oder zu betäuben. Solche Abläufe können sich tief in unser Gehirn und damit in unser Verhaltensrepertoire einbrennen. Fühlen, insbesondere in der negativen Qualität, wird als zu unangenehm und schmerzhaft erlebt. Man ist wie gefangen in sich selbst und entwickelt eine Angst vor Gefühlen, die das Gehirn als bedrohlich einstuft. Und das hat Folgen. Denn in den meisten Fällen sind es nicht die Gefühle an sich, die psychische Probleme verursachen, sondern die Art und Weise, wie wir damit umgehen. Bei mehr als der Hälfte aller klinisch relevanten psychischen Störungen spielt eine ungesunde oder fehlerhafte Emotionsbewältigung eine Rolle, sagen Experten in der Erforschung und Behandlung emotionaler Störungen.[2] Die Defizite in der Emotionsbewältigung seien dabei eher die Ursache als die Folge psychischer Probleme. Das bedeutet im Umkehrschluss: Wir müssen lernen, unseren Gefühlen auf gesunde Weise zu begegnen, anstatt gegen sie anzukämpfen, um psychische Gesundheit zu erhalten oder zurückzuerlangen. Was wir letztlich brauchen, ist wieder mehr Mut, zu fühlen. Und eine Anleitung für einen konstruktiven Umgang mit unseren Emotionen.

Alarm im Gehirn – Fliehen, Kämpfen, Erstarren

Können wir bestimmte Anforderungen in unserem Leben vermeintlich nicht mehr bewältigen, geraten wir unweigerlich unter Stress. Ich spreche hier von »vermeintlich«, denn es kommt darauf an, wie wir die Lage selbst bewerten. Unsere subjektive Einschätzung darüber, ob wir eine bestimmte Situation und die damit einhergehenden Gefühle meistern können, spielt eine große Rolle dabei, ob wir Stress erleben oder nicht.[3] Es gibt viele Auslöser von Stress: Volle Terminkalender, Konflikte, die eigenen Leistungsansprüche, aber auch Emotionen können zu Stressoren werden. Ist ein Gefühl zu intensiv, zu schmerzhaft, zu lang anhaltend, einer Situation nicht angemessen und glauben wir zudem, es nicht bewältigen zu können, wird es zum Stressor.

Kurz gesagt hat unser Gehirn drei unterschiedliche Programme auf Lager, um mit derartigen Stressoren beziehungsweise bedrohlichen Situationen oder Hochstress umzugehen: fight, flight oder freeze. Englisch für Kämpfen, Fliehen oder Erstarren. Diese Taktiken sind uralte Überlebensstrategien, die sich auch im Tierreich bei Bedrohungs- oder in Gefahrensituationen wiederfinden.[4] Ein Tier, das von einem anderen gefressen zu werden droht, wird entweder mit aller Kraft in den Kampf gehen und sich wehren. Oder es wird die Flucht ergreifen und so schnell wie möglich davonlaufen. Alternativ wird es vor lauter

Angst erstarren und hoffen, dass es nicht gesehen wird. Es wird sich tot stellen. An all diesen Prozessen ist ein kleiner Kern in den Tiefen unseres Gehirns, im sogenannten limbischen System, beteiligt: die Amygdala, auch Mandelkern genannt. Die Aufgabe der Amygdala ist es, Informationen zu bewerten und bei Gefahr eine Alarmreaktion auszulösen, wodurch unser ganzes System auf Kampf oder Flucht eingestellt wird. Die Ausschüttung des Stresshormons Adrenalin ist Teil dieser Alarmreaktion.[5] Die Atmung verflacht sich und wird schneller, das Herz klopft wie wild, die Muskeln spannen sich an und werden stärker durchblutet, wir beginnen zu schwitzen und spüren eine innere Unruhe in uns aufsteigen. Unsere Aufmerksamkeit fokussiert sich vollständig auf die Bedrohung. Wir sind mit unserer gesamten Energie bereit, auf die Gefahr zu reagieren. Diese Abläufe werden in Sekundenbruchteilen ausgelöst. Im Falle der Begegnung mit einem Raubtier sind das zugegebenermaßen sehr nützliche automatische Überlebensstrategien. Unser Gehirn schützt uns. Es macht uns bereit für Kampf oder Flucht, ohne dass wir dabei lange nachdenken müssen.

Aber ist diese Antwort des Gehirns auch angemessen, wenn wir einem Gefühl begegnen? Haben wir keine Alternativen, ist diese Art der Emotionsbewältigung zumindest menschlich und nachvollziehbar. Gehirn und Körper machen an dieser Stelle erst einmal alles richtig. Wirklich hilfreich und nachhaltig sind diese Mechanismen im Zusammenhang mit Gefühlen auf Dauer jedoch nicht.

Stufen wir bestimmte Situationen und damit einhergehende Gefühle nun als Gefahr ein, wird vom Gehirn automatisch eine fight-, flight- oder freeze-Antwort eingeleitet. Besonders schnell und ohne Umwege geschieht das, wenn dafür schon sogenannte Schemata in uns angelegt sind. Derartige Schemata bilden sich, wenn wir in der Kindheit emotional extrem belastenden Situationen ausgesetzt waren, in denen Kampf, Flucht oder Erstarren als die einzigen Überlebens- und Anpassungsstrategien zur Verfügung standen, um den emotionalen Schmerz abzumildern und uns in ausweglosen Situationen zu schützen. Diese Reaktionen werden gespeichert und in ähnlichen Gefahrensituationen automatisch reaktiviert. Wie wir Gefühle im Erwachsenenalter bewältigen und ob wir sie verdrängen, vermeiden oder betäuben müssen, sie als Stressor einordnen oder nicht, hängt also davon ab, wie wir sie bewerten und welche Strategien wir im Laufe unseres Lebens dafür gelernt haben. Unsere Antwort ist auch davon abhängig, welche Erfahrungen wir in der Vergangenheit mit derartigen Gefühlen und deren Bewältigung gemacht haben und ob wir uns in der Lage sehen, die Situation zu meistern. Also davon, wie unsere Amygdala eine Situation oder ein Gefühl bewertet. Ein Mitspracherecht mit dem Alarmsystem des Gehirns muss man sich manchmal erst erarbeiten. Stuft unser Gehirn eine Situation als Gefahr ein, zögert es nicht lange damit, den Alarmknopf zu betätigen, und ein Feuerwerk an chemischen Prozessen beginnt. Der Körper wird innerhalb kürzester Zeit für Kampf oder Flucht bereit gemacht.

Zusammenfassend kann man sagen: Wir kämpfen gegen Gefühle an, wir fliehen vor ihnen, wollen sie vermeiden, oder wir erstarren unter ihnen. Gefühle und emotionale Schmerzen können durch Bewältigungsstrategien wie Vermeiden, Leugnen, Unterdrücken oder Betäuben abgeschwächt oder sogar neutralisiert werden. Solche Mechanismen haben einen nachvollziehbaren Sinn: Sie schützen uns – aber nur kurzfristig und solange wir nicht ungesunde Hilfsmittel wie Alkohol, Drogen oder andere Dinge zur Vermeidung heranziehen. Auf lange Sicht sind sie jedoch oft schädlich. Zum Problem werden sie, wenn wir keine bewusste Kontrolle mehr über sie haben, wir unsere Bewältigungsstrategien nicht mehr flexibel, frei und bewusst einsetzen können und wir keine Alternativen haben. Zumeist taugen die in der Kindheit entstandenen Bewältigungsstrategien wie fight, flight oder freeze oft nicht für das Erwachsenenalter. Wie alte Schuhe, aus welchen wir herausgewachsen sind, waren sie mal nützlich und haben uns durchs Leben getragen, heute aber zwicken sie und verursachen langfristig Schmerzen. So können durch diese alten Gefühlsbewältigungsmuster psychische Probleme oder zwischenmenschliche Konflikte entstehen. Zahlreiche wissenschaftliche Studien belegen einen Zusammenhang zwischen ungünstigen Emotionsbewältigungsstrategien wie Vermeiden oder Unterdrücken von Gefühlen und psychopathologischen Symptomen beziehungsweise Erkrankungen wie Depressionen, Ängsten, Essstörungen und Abhängigkeitserkrankungen.[6]

Sensible Gehirne

Im Prozess einer Psychotherapie wird oft schnell deutlich, dass und warum Menschen Gefühle vermeiden und auf ungünstige oder ungesunde Weise zu bewältigen versuchen. Häufig ist es eine Kombination aus verschiedenen Dingen: Zum einen haben meist Verletzungen in der Biografie stattgefunden, durch welche extrem schmerzhafte Gefühle verursacht wurden und für die keine gesunden Strategien der Bewältigung zur Verfügung standen. Diese Gefühle gilt es dann im Hier und Jetzt und in Zukunft um jeden Preis zu vermeiden und nie wieder zu erleben. Beispiele für derartige Verletzungen sind Vernachlässigung, emotionaler und physischer Missbrauch, Mobbing und Hänseleien, der Verlust einer nahestehenden Person, anhaltende Konflikte und Parentifizierung. Damit ist ein Rollenwechsel zwischen Eltern und Kind gemeint, bei dem ein Kind sehr früh eine Elternrolle einnehmen muss.

Zum anderen haben nicht wenige Menschen ein emotional sehr sensibles und feinfühliges Gehirn, das heißt, sie wurden mit einem Gehirn geboren, welches intensiv fühlen und alle Arten von Emotionen stark und lang anhaltend spüren kann. Das kann überfordernd sein. Wurden die intensiv erlebten Gefühle dann auch noch von Bezugspersonen bestraft oder lächerlich gemacht, oder sollte das Kind sich mehr um die Gefühle der Erwachsenen kümmern als andersherum, mussten Überlebensstrategien zur Vermeidung der seelischen Schmerzen und Bewältigung der überfordernden Gefühlswellen entwickelt werden. Kampf, Flucht, Erstarren. Stehen in so einer Situation keine alternativen und gesunden Techniken zur Verfügung, weil sie nicht erlernt wurden oder nicht möglich waren, wie zum Beispiel das Sprechen über Gefühle oder bei anderen Menschen Hilfe zu suchen, dann führt dies in vielen Fällen zu einer Art Hilflosigkeitserleben und der Auslösung der Alarmreaktion im Gehirn.

Ein sensibles und feinfühliges Gehirn zu haben ist ein Geschenk, denn Fühlen ist etwas Wunderbares und es trägt Lebendigkeit in sich. Für viele Menschen ist es aber massiv überfordernd, ein Gehirn zu haben, das emotional jederzeit auf und davon galoppieren kann. Die meisten wissen nicht wirklich, wie sie damit umgehen sollen. Für so ein Gehirn braucht man eine Anleitung und ein bisschen Werkzeug zum Surfen dieser zum Teil heftigen Gefühlswellen. Und die gibt es! Lernt man, sein sensibles Gehirn zu verstehen und die Wellen zu surfen, kann sich daraus ein intensives und zufriedenes Leben entwickeln.

All die ungesunden Strategien, die man zur Zähmung des stark fühlenden Gehirns entwickelt, sind erst einmal nachvollziehbare und kurzfristige Lösungen. Es sind Überlebensstrategien, die in diesen Momenten gebraucht wurden oder werden. Es ist der Versuch, Kontrolle über das Chaos der Gefühlswellen herzustellen. Für einen kurzen Moment sind sie hilfreich, nur leider richten sie auf Dauer extremen Schaden an und verursachen auf lange Sicht noch schlimmere Probleme wie soziale Konflikte, Süchte, emotionale Taubheit, Depression, Selbstverletzung oder Essstörungen. Wie wir unseren Gefühlen begegnen, kann demnach weitreichende Folgen haben. Dabei ist uns oft noch nicht einmal bewusst, was wir eigentlich fühlen.

Programmierbare Angsthasen

Warum die genannten Gefühlsabwehrmechanismen für uns so attraktiv und weitverbreitet sind, hat folgenden Grund: Wir sind über die kurzfristig positiven Konsequenzen unseres Verhaltens programmierbar. Wenn der Alkohol also kurzfristig hilft, die Einsamkeit nicht mehr spüren zu müssen, ergibt sich daraus ein gewisser Lerneffekt: Alkohol macht Einsamkeit weg. Super! Wenn ich trinke, werde ich also belohnt. Das hässliche Gefühl verschwindet für kurze Zeit. Die Auftretenswahrscheinlichkeit eines bestimmten Verhaltens, hier der Alkoholkonsum, erhöht sich, wenn das Verhalten unmittelbar belohnt wird. Die Belohnung ist die Betäubung des schrecklichen Gefühls. An die langfristigen Konsequenzen und Schäden wie den Kater danach oder die Gefahr einer Suchtentwicklung denken wir dabei leider nicht. Wir haben also im Laufe unseres Lebens durch derartige Lerneffekte oft auch zufällig bestimmte Strategien entwickelt, um negative Emotionen nicht mehr spüren zu müssen. Durch Programmierung über unmittelbare Belohnung schleift sich das Verhalten ein und mit der Zeit verlernen wir die gesunden Alternativen.

Nehmen wir einmal an, ein Kind oder eine jugendliche Person erlebt das erste Mal im Leben eine Zurückweisung durch eine andere Person, sei es durch die Eltern, Mitschüler oder die erste Liebe. Intensive und schmerzhafte Gefühle der Kränkung, Trauer, Wut und Scham gehen mit der Zurückweisung einher und müssen bewältigt werden. Im günstigsten Fall wird in dieser Situation das soziale Annäherungssystem im Gehirn aktiviert.[7] Das heißt, dass die Person bei anderen Menschen Hilfe, Trost und Nähe sucht. Andere Menschen spielen, wie wir gesehen haben, schon seit unserer Geburt eine wesentliche Rolle in der Emotionsregulation. Ist soziale Unterstützung in diesem Moment aber nicht möglich, weil es niemanden gibt, der sich für das Kind oder den Jugendlichen interessiert, oder es sich zu sehr schämt, um sich jemandem anzuvertrauen, dann muss es alternative Strategien entwickeln, um mit dem emotionalen Schmerz zurechtzukommen. Besteht eine gewisse Toleranz für derartiges Erleben, dann gelingt es der Person im besten Fall, auf gesunde Strategien wie Sport, Kreativität oder Selbstfürsorge zurückzugreifen und die Gefühle für eine Weile zu akzeptieren und auszuhalten. Nicht immer tappen wir gleich in die ungesunden Fallen. Und häufig orientieren wir uns dabei an anderen Menschen. Wir ahmen nach, was wir in unserer nächsten Umgebung sehen.

Gelingt es uns durch die erwählte Strategie, den Schmerz für einen Moment zu lindern, wird das Verhalten automatisch verstärkt. Haben wir eine erfolgreiche Lösung für ein Problem gefunden, werden wir in Zukunft in ähnlichen Situationen auf diese Lösungsstrategie zurückkommen, denn unser Gehirn arbeitet gern energiesparend. Kurzfristig sehr effizient, kann dies langfristig schädlich sein, wenn wir die falschen, also ungesunde Strategien nutzen. So wird der Weg in eine psychische Störung geebnet.

Ein weiteres Beispiel zur Veranschaulichung ist das Rauchen. Kurzfristig gewinnen wir einen Kick, Anregung oder Entspannung, ein gutes Gefühl. An die langfristigen Folgen oder Konsequenzen wie Lungenkrebs oder vorzeitige Hautalterung denken wir dabei nicht oder nur selten. Unser Verhalten wird primär durch kurzfristige, positive Konsequenzen gesteuert und verstärkt. Ähnlich wie bei einem Hund, der lernt, dass er ein Leckerli bekommt, wenn er Sitz macht. Das alles funktioniert über eine einfache Wenn-dann-Regel. Wenn ich rauche, dann bekomme ich einen Kick/Entspannung. Wenn ich trinke, bekomme ich Entspannung/Erleichterung/Mut. Dasselbe Prinzip gilt für die Vermeidung unangenehmer Zustände und vor allem negativer Gefühle. Wenn ich Alkohol trinke, kann ich damit Ärger, Traurigkeit oder Stress reduzieren. Das negative Gefühl wird also weniger. Wenn ich im Internet Pornos anschaue, dann spüre ich die Einsamkeit nicht mehr so stark. Wenn ich esse, dann spüre ich die Wut nicht mehr. Wenn ich mich stundenlang in meine Serienwelt flüchte, dann vergesse ich den Ärger über meinen Chef, die Angst vor der Prüfung, die Trauer über das Ende der Partnerschaft. Wenn ich schreie, brülle und andere klein mache, dann muss ich meine eigene Minderwertigkeit oder ein Schuldgefühl vielleicht nicht spüren. Wenn ich hungere, habe ich das Gefühl, wieder Kontrolle über das Leben zu haben. Ich kann also aktiv etwas gegen schmerzhafte und unangenehme Gefühle unternehmen. Die langfristigen schädlichen Konsequenzen dieser ungünstigen Gefühlsabwehr sind uns oft nicht bewusst beziehungsweise es fehlt uns häufig auch schlicht und ergreifend das Wissen darüber.

In der Verhaltenstherapie wird daher zu Beginn eine sogenannte Verhaltensanalyse gemacht. Problematisches Verhalten wird identifiziert und auf kurzfristige und langfristige Konsequenzen hin untersucht.

Mit dieser Methode lässt sich schnell feststellen, ob eine Verhaltensweise einer gesunden Emotionsregulation dienlich ist oder nicht. Am Ende des ersten Kapitels findest du eine Anleitung zu einer vereinfachten Form der Verhaltensanalyse, mit der du überprüfen kannst, welche Konsequenzen deine gewählten Mittel der Gefühlsbewältigung nach sich ziehen.

Gefühle werden bestraft – warum wir vermeintlich stark sein müssen

Ein weiterer Grund dafür, warum wir Gefühle vermeiden, ist die Bestrafung von Emotionen durch Bezugspersonen. In der Gesellschaft werden Gefühle und deren offener Ausdruck oft sanktioniert. In der Psychotherapie sprechen wir hier von einer Invalidierung von Gefühlen. Ein weinendes oder wütendes Kind, das oft den berühmt-berüchtigten Satz hört: »Reiß dich mal zusammen, so schlimm ist das doch nicht!« oder »Hör auf zu heulen, das ist ja lächerlich« wird dadurch von seinen Eltern in seinem emotionalen Ausdruck bestraft oder eben invalidiert. Dem Kind wird vermittelt, seine Gefühle seien nicht in Ordnung, nicht richtig, nicht angemessen. Das Kind wird lernen, seine Gefühle in Zukunft zu unterdrücken, weil es nicht beschämt, verletzt, bestraft oder damit alleingelassen werden will. Es wird alles tun, um von seinen Eltern Liebe, Nähe, Anerkennung und Sicherheit zu bekommen, denn es ist existenziell auf sie angewiesen. Daher wird es sich anpassen. Es wird die Wut oder die Trauer unterdrücken, wenn das den Eltern nicht gefällt und die Gefahr besteht, dass sie sich abwenden, wenn das Kind wütend oder traurig ist.

Eine Patientin berichtete, ihre Eltern hätten ihr in Situationen, in denen sie erschöpft, müde oder überfordert gewesen sei (in der Schule, im Studium und später auch im Job), immer auf missbilligende Art und Weise gesagt: »Du wolltest es doch selbst so«, »Du hast doch selbst entschieden, auf das Gymnasium zu gehen« oder »Du hast dir dieses Studium doch selbst ausgesucht«. Sie gaben ihr also das Gefühl, sie dürfe Erschöpfung oder Überforderung nicht spüren oder nicht äußern, da sie an dem Gefühl selbst schuld sei. Sie fühlte sich nicht verstanden. Sie fühlte sich alleingelassen und hatte den Eindruck, es nerve ihre Eltern, wenn sie sich beklagte. Sie wünschte sich nichts mehr als Anerkennung und Mitgefühl der Eltern. Sie begann daraufhin, ihre Gefühle zu unterdrücken, behielt sie für sich, vertraute sich niemandem an. Sie war also die Starke, die sich nie beklagte. Irgendwann spürte sie diese Gefühle selbst nicht mehr. Sie funktionierte nur noch. Keine Frage, sie hat viel geschafft in dieser Zeit. Aber sie hat sich ständig überfordert. Die langfristigen Konsequenzen dieser Gefühlsvermeidung hatte sie nicht bedacht. Schlafstörungen, Magenschmerzen, Erschöpfung bis hin zur Antriebs- und Freudlosigkeit und sogar bis hin zur Depression. Bis sie gelernt hat, die Gefühle von Erschöpfung und Überforderung wieder zu surfen, sie da sein zu lassen, sie wahrzunehmen und auf sie zu hören. Bis sie verstanden hat, ihre Bedürfnisse dahinter zu sehen. »Ich darf überfordert sein«, »Ich darf erschöpft sein. Das ist okay, das ist normal, dann brauche ich eine Pause.« So lauteten die neuen Sätze, die sie in ihrem Kopf formulierte. Sie lernte, mit sich selbst liebevoller und verständnisvoller umzugehen. Sie hörte auf, sich selbst so unerbittlich und verständnislos zu behandeln, wie ihre Eltern sie behandelt hatten. Die anderen können wir nicht verändern. Nur uns selbst. Und als sie anfing, sich selbst und ihre Gefühle anzunehmen, gewann sie ihre Lebensfreunde zurück. Auch wenn sie sich das anstrengende Studium selbst ausgesucht hatte. Sie lernte irgendwann, ihre Gefühle ernst zu nehmen. Klar, das hätte sie sich von ihren Eltern gewünscht und es fühlt sich manchmal unfair an, dass sie das nun für sich selbst und allein tun musste. Die wichtigste Beziehung, die wir im Leben haben, ist die zu uns selbst. Auch wenn andere Menschen unsere Gefühle invalidieren oder bestrafen, können wir uns und unseren Gefühlen Verständnis entgegenbringen. Zusammengefasst: Wir verdrängen, vermeiden und betäuben Gefühle auch, weil sie von anderen Menschen bestraft wurden oder werden. Häufig haben wir dies schon in der Kindheit erfahren und daraus gelernt, bestimmte Gefühle nicht mehr zu fühlen oder sie zu verheimlichen.

Kinder, die ihre Gefühle nicht zeigen dürfen und keine Hilfe bei der Bewältigung finden, werden andere Wege zur Regulation ihrer Empfindungen suchen. Es gibt auch viele Menschen, die keine Gefühle mehr haben dürfen, weil sie die Erfahrung gemacht haben, für sich und andere stark sein zu müssen. Das passiert zum Beispiel, wenn Eltern mit ihren Gefühlen selbst nicht gut zurechtkommen und Kinder sich verantwortlich für sie fühlen. Sie übernehmen dann schnell eine Erwachsenenrolle, verdrängen eigene Gefühle und funktionieren, um sich um die anderen zu kümmern und die Kontrolle zu erhalten. »Ich muss funktionieren, sonst versinkt hier alles im Chaos« ist ein typischer Glaubenssatz für diese Art von Gefühlsvermeidern. Glaubenssätze sind bestimmte gedankliche Regeln, die wir erlernt und verinnerlicht haben, um unseren Alltag so einfach wie möglich zu gestalten und Situationen effizient zu meistern. In der Regel kann man eine ganze Weile »funktionieren«. Aber die Betroffenen zahlen dafür einen hohen Preis. Aus Angst vor Kontrollverlust und weil sie denken, sie müssten stark für die anderen sein, verlieren sie den Zugang zu ihren Gefühlen Stück für Stück, bis nichts mehr bleibt als Erschöpfung, Leere und Depression.

Selbstmitgefühl, ein Fremdgefühl

Haben wir also schon früh erfahren, dass bestimmte Gefühle von unseren Mitmenschen bestraft oder lächerlich gemacht werden, dann verlernen wir mit der Zeit nicht nur, diese Gefühle zuzulassen, wir verlernen auch, wie man auf gesunde Weise mit ihnen zurechtkommen kann. Ein Kind, das nicht schwimmen lernen durfte, wird im Erwachsenenalter auch nicht einfach drauflos kraulen können. Es wird vielleicht sogar Angst vor dem Wasser haben. Wenn man also nie gelernt hat, wie man Wut, Angst oder Traurigkeit gesund bewältigen oder surfen kann, wie soll man es dann später plötzlich wissen und können? Dazu braucht es eine Anleitung und viel Übung. Und vor allem Selbstmitgefühl, die Erlaubnis, mit sich selbst mitzufühlen, sich selbst mit Mitgefühl (Achtung, nicht Mitleid!) zu begegnen. Vielen Menschen fehlt durch jahrelange Erfahrung von Invalidierung ein gesundes Maß an Verständnis und Mitgefühl für das eigene Erleben. Sie werten ihre Gefühle ab und bestrafen sich gedanklich dafür. Daher müssen sie erst einmal lernen, dass es erlaubt ist, Gefühle zu haben, und dass diese Gefühle normal und in vielen Situationen völlig angemessen sind.

Ist zum Beispiel die To-do-Liste bis oben hin voll, ist es okay und normal, gestresst oder überfordert zu sein. Ein »Reiß dich zusammen!« hat noch nie jemandem geholfen.

Exkurs: Gefühlsangsthasen in Beziehungen

Werden Menschen von Kindesbeinen an emotional vernachlässigt, wird das Gefühl der Verlassenheit zum schmerzlichen Begleiter und zur größten Bedrohung. Diese Menschen entwickeln einen regelrechten Hunger nach Zuwendung und Liebe und verschließen sich gleichzeitig vor der Welt mit dem Glaubenssatz »Ich muss alleine zurechtkommen.«. Sie haben häufig Angst vor Nähe und davor, verletzt zu werden. Gefühle verstecken sie vor sich selbst und anderen Menschen. Auf der Suche nach Liebe und Fürsorge sind sie in diesem Widerspruch gefangen. Beim Versuch, sich zu öffnen, überfordern sie ihre Partner:innen dann nicht selten, weil sie glauben, endlich einen Ersatz für die fehlende elterliche Fürsorge gefunden zu haben. Sie fordern vom Partner oder der Partnerin eine elterliche Haltung und Hilfe bei der Bewältigung eigener Gefühle. In einer gesunden Partnerschaft sollte jeder Part elterliche Fürsorge übernehmen können, aber das Verhältnis muss ausgewogen sein. Jeder sollte mal klein und bedürftig, also in die Rolle des Kindes und in die des erwachsenen »Kümmerers« schlüpfen können. Und jeder von beiden sollte gewisse Fähigkeiten und Fertigkeiten zur Selbstregulation haben und flexibel zwischen »Kind«, »Kümmerer« und »Partner:in auf Augenhöhe« wechseln können. Ist eine Partnerschaft auf Dauer asymmetrisch, übernimmt also ein:e Partner:in vorwiegend die Elternrolle und der oder die andere die Rolle des hungrigen Kindes, wird das für den »Elternteil« in der Beziehung irgendwann frustrierend, denn er wünscht sich eine Beziehung auf Augenhöhe und keine Eltern-Kind-Beziehung. Die Erotik geht in so einer Konstellation meist schnell verloren. Zieht sich der Part, der die Elternrolle übernommen hat, dann zurück, ist das für den »Abhängigen« in der Kinderrolle eine vermeintliche Bestätigung des Glaubenssatzes »Ich bin eine Zumutung für andere«, »Ich muss alleine zurechtkommen«, »Niemand kümmert sich um mich, ich muss stark sein«. Dann wird er oder sie sich erneut zurückziehen, versuchen, stark zu sein und Gefühle zu vermeiden beziehungsweise zu verstecken. Die jahrelange Notwendigkeit der Gefühlsvermeidung wird durch ungünstige Verhaltensmuster in so einer Konstellation dann leider bestätigt und die Vermeidung der Gefühle wird aufrechterhalten. Eine Voraussetzung, um in dieser manchmal so bedrohlich wirkenden Welt Halt in sich selbst zu finden, ist die Fähigkeit zu einer gesunden Emotionsbewältigung und Selbstregulation. Nur dann können Beziehungen frei gelebt und gestaltet werden.

Gefühlsleere und Depression

Es gibt Theorien, die besagen, dass Depression dann entsteht, wenn wir nichts mehr fühlen. Wenn wir unsere Gefühle so lange deckeln und unterdrücken, bis wir dauerhaft gefühllos werden. Dies ist nur ein Erklärungsmodell von vielen. Depressive Erkrankungen sind komplex und vielschichtig und zudem sehr individuell, sodass diese Theorie sicher nicht auf jede Person mit einer depressiven Störung zutrifft. Eva Eger, eine amerikanische Psychologin und Überlebende des Holocaust, sagt in ihrem Buch »Ich bin hier und alles ist jetzt«, das Unterdrücken von Gefühlen führe zu Depressionen und das Gegenteil davon, die Expression, also der Ausdruck von Gefühlen, sei der Weg zur Heilung.[8] Ihre These wird unterstützt durch zahlreiche wissenschaftliche Studien, die einen Zusammenhang zwischen unserem Umgang mit Gefühlen und psychischen Erkrankungen wie Depressionen, Süchten, Angststörungen, Essstörungen und selbstverletzendem Verhalten darstellen konnten.[9] So fanden Wissenschaftler in Norwegen zum Beispiel heraus, dass Menschen mit depressiven Symptomen häufiger ungünstige Emotionsbewältigungsstrategien wie Unterdrücken oder Vermeiden nutzen als gesunde Menschen in einer Vergleichsstichprobe. Depressive Menschen hätten außerdem insgesamt weniger Bewusstsein für ihre eigenen Gefühle und könnten diese weniger gut tolerieren als Gesunde.[10] Diese Studien liefern Hinweise darauf, warum ein gesunder und bewusster Umgang mit Gefühlen essenziell für die psychische Gesundheit ist.

Kämpfen wir also über lange Zeit gegen unsere Gefühle an, unterdrücken, vermeiden oder betäuben wir sie, wird mit aller Wahrscheinlichkeit irgendwann alles grau und leer. Viele Menschen berichten in diesem Zustand nur noch von depressiven Gefühlen. Diese bestehen zumeist nicht aus Traurigkeit, Einsamkeit, Wut oder Angst, sondern aus Hoffnungslosigkeit, Verzweiflung und tiefer Sinnlosigkeit. Oder die Gefühle platzen irgendwann mit aller Gewalt heraus und sind vermeintlich nicht mehr kontrollierbar. Sie überschwemmen uns. Die Welle stürzt über uns herein und wir haben das Gefühl, dem nicht standhalten zu können. Damit haben wir letztlich genau das heraufbeschwört, was wir mit großem Aufwand und Anstrengung zu verhindern versuchten. All das erfordert drastische Maßnahmen, um die Wogen zu glätten und die Überflutung in Zukunft zu vermeiden. Wir könnten an diesem Punkt zu unserer Hitliste zurückkehren und ein beliebig potentes Mittel auswählen. Damit beginnt der Teufelskreis von Neuem.

Oder wir gehen erst gar nicht ins Wasser, sondern schauen unserem eigenen Leben nur zu. Wir vermeiden also alles, was auf irgendeine Art zu negativen Gefühlen führen könnte – zum Beispiel zwischenmenschliche Beziehungen einzugehen. Wenn wir ehrlich sind, dann sind negative Gefühle eigentlich unvermeidbar, sobald wir uns auf enge Bindungen einlassen, oder? Wir haben alle Angst davor, verletzt zu werden. Ich würde behaupten, jeder von uns wurde schon mindestens einmal in einer Freundschaft, in der Familie oder in der Partnerschaft verletzt. Aus Angst vor Ablehnung, Zurückweisung oder vor Konflikten vermeiden wir enge Bindungen und leiden dann unter Einsamkeit. Vermeidet man alles, was das Risiko eines unangenehmen Gefühls in sich birgt, kann nichts passieren, scheint hier das Motto zu sein. Aber die Kehrseite der Medaille ist: Es gibt dann auch kaum mehr positive Erlebnisse, die angenehme Gefühlswellen auslösen könnten. Eines der bekanntesten Modelle zur Entstehung von Depressionen ist die Verstärker-Verlust-Theorie.[11] Sie besagt, dass Depressionen durch den Verlust von angenehmen Erfahrungen oder den Verlust von sogenannten positiven Verstärkern entstehen. Die Aktivierung von Verhalten, welches zu angenehmen Erfahrungen führt, ist in der Behandlung von Depressionen schon seit Langem ein zentraler Baustein. Man könnte also sagen, die Angst vor den negativen Gefühlen treibt uns häufig in den Rückzug oder in die Vermeidung, wodurch wir uns jeglicher angenehmer Erfahrungen berauben und damit noch anfälliger für Depressionen werden.

Wir brauchen Mut. Mut, uns einzulassen und uns zu zeigen. Mut, im Zweifelsfall verletzt zu werden, und die Zuversicht, mit den negativen Gefühlen, die bei Ablehnung, Zurückweisung oder Konflikten entstehen, umgehen zu können.

Hier noch ein kurzes Beispiel dazu: Stell dir vor, du fühlst dich einsam und bist traurig, weil du verlassen wurdest. Das tut so weh, dass du versuchst, dich mit Alkohol zu betäuben. Kurzfristig klappt das, es hilft dir außerdem, besser einzuschlafen. Langfristig gesehen hast du damit aber keinerlei konstruktive Lösung gegen die Einsamkeit oder die Traurigkeit geschaffen. Das dahinter liegende Bedürfnis nach Nähe und Zuwendung bleibt ungestillt. Am nächsten Morgen fühlst du dich immer noch einsam und traurig. Der Kater gibt dir den Rest. Langfristig schadest du dir. Eine Alkoholsucht kann sich daraus entwickeln. Diese Strategie löst das Problem nicht, denn die schmerzhaften Gefühle tauchen schnell wieder auf.

Die Angst vor den Gefühlen wird mit jedem Mal Vermeiden größer. Die Angst vor der Wut, die Angst vor der Traurigkeit, die Angst vor der Angst, die Angst vor jeder Art von schmerzhaften

Gefühlen. Wir sind zu Emotionsphobikern geworden. Wir haben keine Toleranz mehr für Unangenehmes. Der Preis dafür ist oft die Depression. Wer kann es uns verübeln? Wer will Traurigkeit wirklich spüren? Den Kloß im Hals, den Schmerz in der Brust, die brennenden Augen? Die Gewinnung von Lust und die Vermeidung von Unangenehmem sind menschliche Grundbedürfnisse.[12]

Ich will an dieser Stelle noch einmal zusammenfassen, was wir bisher über den Umgang mit schmerzhaften Gefühlswellen wissen:

Intoleranz für unangenehme Gefühle. Wir haben keine Toleranz mehr für Unangenehmes. Wir versuchen, alles Unangenehme zu vermeiden, und gehen davon aus, dass ein glückliches und gesundes Leben ein Leben ohne negative Gefühle ist. Wir denken, gesund sein heißt frei sein von schmerzhaften Gefühlen. Das ist ein Trugschluss. Gesund sein bedeutet eine natürliche Schwingung von Gefühlen. Anspannung und Entspannung, positive und negative Gefühle gleichermaßen zu erleben wie Ebbe und Flut. Glück ist eine Kontrasterfahrung.

> Wir tolerieren keine unangenehmen und schmerzhaften Gefühle mehr in unserem Leben und setzen damit eine Abwärtsspirale in Gang.

Emotionsangst. Wir denken, wir können unsere Gefühle nicht bewältigen, wenn wir sie zulassen. Wir haben Angst, dass uns die Welle überrollt, wir die Kontrolle verlieren und die unangenehmen Gefühlszustände nie wieder aufhören. Aus der fehlenden Toleranz für negative Gefühle entwickelt sich eine regelrechte Emotionsphobie. Das liegt vor allem auch daran, dass die notwendigen gesunden und funktionalen Strategien zur Regulation der Gefühle nicht erlernt wurden.

Wir haben Angst vor negativen Gefühlen.

Überlebensstrategien der programmierbaren Angsthasen. All diese Gefühlsbewältigungsversuche sind Überlebensstrategien und Schutzmechanismen. Es ist wichtig, dass wir uns das bewusst machen. Wir haben diese Strategien entwickelt und gebraucht, um in dieser Welt zurechtzukommen und weil wir vielleicht bisher keine besseren Mittel zur Verfügung hatten. Es sind zum Teil kindliche (Achtung, nicht kindische!) Strategien. Gefühle können unangenehm, schmerzlich und bedrohlich sein. Wenn wir nicht gelernt haben, konstruktiv, angemessen, gesund und würdigend mit ihnen umzugehen, müssen wir eben zu ungesunden Maßnahmen greifen. Das ist okay und verständlich, wenn es bisher nicht anders möglich war, weil man nicht anders konnte – und es oft vermeintlich schneller oder besser wirkt als die gesunden Strategien. Das Glas Wein ist sofort verfügbar und schneller wirksam als der Gang ins Fitnessstudio.

Gefühle werden bestraft. Gefühle werden sanktioniert. Das bedeutet, dass emotionale Regungen und Ausdrücke bestraft, nicht ernst genommen, missachtet oder verspottet werden: »Hör auf zu heulen«, »Reiß dich mal zusammen!«, »So schlimm ist es doch nicht«, »Tu doch was dagegen«, »Du wolltest es doch so«, »Führ dich nicht so auf!«, »Komm drüber weg«, »Daran bist du selbst schuld« und so weiter. Gefühle stören, Gefühle bedrohen, Gefühle sind unangemessen, Gefühle gehören hier nicht hin. Wir müssen funktionieren und uns optimieren. Gefühle sind ein Zeichen von Schwäche. Unsere Gesellschaft hat verlernt, dass Gefühle, insbesondere negative Gefühle, etwas völlig Normales und Notwendiges sind. Sich dem Gefühl zu stellen ist keine Schwäche, im Gegenteil – das ist die eigentliche Stärke. Wurden Gefühle von unseren Bezugspersonen bestraft oder lächerlich gemacht, kann es passieren, dass wir im Erwachsenenalter diese Haltung übernehmen und uns genauso behandeln, wie unsere Eltern uns behandelt haben. Vor allem aber haben wir verlernt, uns selbst zu trösten. Wir schaffen es nicht mehr, zu sagen: »Ich verstehe, dass ich mich so fühle«, »Es ist okay«. Wir können uns selbst, aber auch andere nicht mehr trösten, deren Gefühle würdigen und anerkennen. Selbstmitgefühl ist ein Fremdwort oder vielmehr ein Fremdgefühl geworden. Wir sind lösungs- und problemorientiert. Es gelingt uns nicht mehr, unseren Gefühlen ins Gesicht zu sehen, sie anzunehmen und konstruktiv mit ihnen umzugehen.

> Gefühle werden in unserer Gesellschaft oft bestraft. Von anderen und auch von uns selbst. Selbstmitgefühl ist für viele ein Fremdgefühl geworden.

Gefühlsleere und Depression. Eine gesunde Emotionsregulation fehlt vielen Menschen. Der Preis ist hoch, denn am Ende einer langen Reise des Vermeidens, Verdrängens und Betäubens stehen Antriebslosigkeit, Freud- und Interesselosigkeit, gedrückte Stimmung, Hoffnungslosigkeit, Sinnlosigkeitserleben oder totale innere Leere beziehungsweise die Depression. Wenn wir unsere Gefühle ignorieren, verlernen wir, sie zu lesen und ihren Informationsgehalt zu verstehen. Denn alle Gefühle haben ihren Sinn. Evolutionsbiologisch gesehen hat jedes Gefühl eine bestimmte Funktion oder gar einen Nutzen. Weshalb sonst hätte die Natur uns damit ausgestattet?

Fühlen lernen

Ziel ist es, zu lernen, bewusst und flexibel auf Gefühle zu reagieren, anstatt unbewusst und automatisch in alte und schädliche Verhaltensmuster zu rutschen. Emotionen auf gesunde Weise zu bewältigen. Entscheiden zu können, wie man mit Gefühlen umgehen will und wie man in bestimmten Situationen reagieren möchte. Das bedeutet, eine Lücke zwischen einem Reiz und der Reaktion darauf entstehen zu lassen, also innezuhalten, um das eigene Verhalten bewusst zu steuern. Damit man nicht aus Angst oder Scham gezwungen ist, seine Gefühle zu vermeiden, zu verdrängen oder zu betäuben, oder völlig von ihnen überrollt wird und dadurch vielleicht alles noch schlimmer wird. Wenn du dir klarmachen kannst, was du empfindest, wie es sich anfühlt und was du brauchst, dann kannst du auch entscheiden, wie du mit einem Gefühl und einer Situation umgehen möchtest. Leichter gesagt als getan, wirst du jetzt denken. Aber keine Sorge, wir werden das alles noch genauer beleuchten. Du brauchst aber auch definitiv noch ein bisschen Werkzeug, bevor du ins kalte Wasser springst und anfängst, deine Gefühle zu surfen.

Bevor wir uns um die gesunde Bewältigung von Gefühlen kümmern, ist es notwendig, sich zunächst einmal auf eine kleine Entdeckungsreise zu sich selbst zu machen. Bevor man Gefühle surfen kann, muss man sie zunächst einmal spüren lernen.

Und da fängt für viele Menschen die große Herausforderung schon an. Oft spüren wir nämlich überhaupt nichts mehr. Wir haben unser inneres Kind, das oft als Metapher für unsere Gefühlswelt steht, einfach in den Keller gesperrt und ignorieren es. Wir tragen einen massiven Schutzpanzer vor uns her, durch den nichts hindurchdringt, und am Ende verlieren wir den Zugang zu uns selbst. Hinter dieser Mauer wird es dann ziemlich sicher ziemlich einsam. Kennst du das Gefühl – keiner versteht dich wirklich? Wenn ja: Kann es sein, dass du einen meterdicken Schutzpanzer vor dir herträgst? Gefühle verbinden und stellen Nähe her. Aber wenn du selbst keinen Zugang mehr zu dir hast, dann wird es dir auch nicht gelingen, einen anderen Menschen an dich heranzulassen und Nähe zu empfinden.

Als Erstes möchte ich dir zeigen, wie du lernst, dich selbst und deine Gefühle wieder besser wahrzunehmen. Wir wollen uns ganz langsam an unsere Gefühle herantasten. Lass uns gemeinsam lernen, wieder zu fühlen. Beobachte dich im Laufe der kommenden Zeit ein bisschen. Identifiziere deine Vermeidungs-, Verdrängungs- und Betäubungstaktiken anhand einer Verhaltensanalyse. Versuche herauszufinden, wie du deine Gefühle zu bewältigen versuchst. Trinkst du Alkohol? Arbeitest du so viel, dass du überhaupt keine Zeit mehr hast zu fühlen? Nimmst du Drogen oder regelmäßig Medikamente, um dich zu betäuben oder zu beruhigen? Isst du deinen Frust in dich hinein? Flüchtest du dich in Videospiele oder Serien? Schiebst du wichtige Aufgaben immer vor dir her? Was hat dir bisher geholfen, Gefühle nicht mehr spüren zu müssen? Woran würde ich erkennen, dass du Gefühle vermeidest? Welche Dinge betreibst du exzessiv? Und tust du das vielleicht, um Gefühle zu neutralisieren? Welches Gefühl willst du nicht spüren und was tust du dafür?

ÜBUNG Die Verhaltensanalyse

Werde dir bewusst, welche Taktiken du anwendest, um Gefühle zu vermeiden, zu verdrängen oder zu betäuben, und welche Strategien du anwendest, um sie auf gesunde Weise zu bewältigen. Schreib dazu eine Liste und notiere deine Strategien, sowohl die gesunden als auch die ungesunden. Wenn du dir nicht sicher bist, wie du sie einordnen sollst, dann mach eine kleine Umfrage. Frag deine Freunde, was sie alles tun, um ihre

Gefühle zu bewältigen, und überlegt euch, ob das hilfreiche und gesunde Strategien sind. Überlege dir auch, welche kurzfristig positiven und welchen langfristig negativen Folgen dein Verhalten hat.

Beispiel Verhaltensanalyse

Situation: Nach einem Streit mit der Chefin stopfe ich Schokolade in mich hinein.

Gefühlsbewältigung: Wut durch Essen betäuben.

Kurzfristig positiver Effekt: Die Wut ist nicht mehr so stark spürbar. Entlastung, kurzes Glücksempfinden.

Langfristiger Schaden: Gewichtszunahme, keine Lösung des Konflikts, keine wirkliche Bewältigung des Wutgefühls, Verstärkung der Wut, Wut auf sich selbst.

An dieser Stelle möchte ich auf etwas hinweisen: Wenn du beim Lesen festgestellt hast, dass das genau dein Thema ist und du vielleicht sogar süchtig bist, dich selbst verletzt, depressiv bist oder das Gefühl hast, du schaffst es nicht, alleine deine Gefühle zu bewältigen, dann wende dich an deine Ärzt:in oder nimm Kontakt zu einer Psycholog:in auf. Du bist mit diesem Thema nicht allein. Es geht vielen Mensch genau wie dir. Du darfst dir Hilfe holen. Im Anhang findest du einen Leitfaden für den Weg in die Psychotherapie.

2 Raus aus der Emotionsangst – Gefühle surfen in 7 Schritten

Leben ohne Vermeidung, Verdrängung und Betäubung oder: Vom Mut, zu fühlen

Vielleicht hast du inzwischen beobachtet, welche Strategien du anwendest, um deine Gefühle zu bewältigen. Was würde passieren, wenn du die Gefühlsvermeidungstaktiken nun nicht mehr anwendest? Chaos, Gefühlsüberschwemmung, Überforderung oder Gefühlsleere?

Wann hast du das letzte Mal in dich hineingespürt und dich gefragt, wie es dir gerade geht? Wie es dir gerade wirklich geht? Schon lange nicht mehr? Noch nie? Vielleicht wirst du dauernd von allen möglichen Gefühlen überschwemmt? Oder du kannst gar nicht so richtig sagen, was eigentlich los ist, weil sich alles so diffus anfühlt? Aber vielleicht macht es dich gerade auch ein bisschen nervös, weil du angestrengt in dich hineinhorchst und da tut sich einfach nichts? Keine Sorge, da bist du kein Einzelfall. Es gibt viele Menschen, die Probleme damit haben, ihre Gefühle wahrzunehmen und zu bewältigen. Vielleicht spürst du gar nichts, vielleicht spürst du viel zu viel, vielleicht kannst du es auch einfach nicht benennen, was gerade in dir los ist. Du willst das Fass lieber nicht aufmachen? Wir müssen doch funktionieren, da können wir Gefühle nicht so gut gebrauchen. Also weg damit, denn das könnte sonst ganz schön anstrengend werden. Gefühle können tatsächlich echt anstrengend sein. Und manchmal auch einfach nur doof.

Es ist mehr als verständlich, dass uns all das Angst macht. Wir haben in der Regel überhaupt keine Lust auf schmerzhafte und unangenehme Gefühle, deswegen werden wir im Laufe unseres Lebens wahre Meister der Unterdrückung. Diese ausgefuchste menschliche Taktik zum Umgang mit Gefühlen ist bei der Achterbahnfahrt des Lebens sehr nachvollziehbar. Wir können uns auch nicht einfach ein Surfbrett schnappen und aufs Meer rauspaddeln, wenn wir nicht mal schwimmen können, nicht wissen, wie man ein Surfbrett benutzt, und keine Ahnung haben, wie Ebbe und Flut sich verhalten. Wir müssen es erst einmal lernen. Dasselbe gilt für das Surfen von Gefühlen. Und dazu braucht es Mut.

Ein Surfkurs für Gefühle

Wie man lernen kann, mit negativen Gefühlen auf gesunde Weise umzugehen, wollen wir in den nächsten beiden Kapiteln genauer betrachten. Was kann die Alternative sein zu den oben beschriebenen Strategien der Vermeidung, Verdrängung und Betäubung? Wie kann man die Alarmreaktion im Gehirn stoppen und schmerzhafte, quälende und intensive Gefühle gelassener bewältigen? Die Anleitung dazu besteht aus den folgenden Schritten:

EINE KURZE ANLEITUNG ZUM GEFÜHLESURFEN

Vermeidungsstrategien erkennen und stoppen.
Gefühle bewusst wahrnehmen.
Gefühle benennen.
Gefühle annehmen.
Auslöser verstehen.
Gefühle prüfen.
Gefühle auf gesunde Weise bewältigen.

Damit man beim Surfen von Gefühlen nicht gleich absäuft, sich vor lauter Angst besäuft oder schreiend davonläuft, braucht man ein paar Kenntnisse über die Natur und die Funktion von Gefühlswellen und ein gutes Körpergefühl, denn jede Emotion findet sich in unserem Körper wieder. Das flaue Gefühl im Bauch, der Kloß im Hals, die schwitzenden Hände, die Schwere und der Druck auf der Brust usw. Es ist hilfreich, in den Körper hineinzuhorchen und zu lernen, Gefühle dort (wieder) zu spüren. Nur wer Gefühle bewusst wahrnimmt, kann automatische Verhaltensmuster durchbrechen, die durch sie ausgelöst werden, und dann frei entscheiden, wie er darauf reagieren will. Bevor wir uns in die Wellen stürzen, wollen wir zunächst einmal über das Fühlen nachdenken. Wir beobachten die Wellen also erst einmal aus sicherer Entfernung. Das ist ein wichtiger Schritt auf dem Weg zu einer gesunden Emotionsbewältigung. Wir treten zurück und schauen uns das Ganze mal von außen an. Gefühle aus der Vogelperspektive zu betrachten, aktiviert in unserem Gehirn unter anderem den präfrontalen Kortex, der kurz gesagt für rationales Denken zuständig ist und wie ein Bremspedal auf unsere Gefühle wirkt.

Emotionale Intelligenz beginnt mit der Wahrnehmung der eigenen Gefühle.

Die Funktion von Gefühlen

Gefühle sind ziemlich klug. Und: Sie haben eine Funktion. Sie sind kein Abfallprodukt unseres Organismus und definitiv kein Zufall, sondern evolutionsgeschichtlich äußerst sinnvoll und hilfreich, denn sie spiegeln unser Innerstes wider, indem sie anzeigen, wann unsere Bedürfnisse erfüllt oder unerfüllt sind. Gefühle wirken wie ein Kompass auf dem Weg durchs Leben. Sie schlagen Alarm, wenn wir auf hoher See den falschen Kurs eingeschlagen oder uns verlaufen haben. Sie schützen uns vor Gefahr, indem sie die Kampf-Flucht-Erstarren-Reaktion auslösen. Sie helfen uns, für uns einzustehen, Energie zu mobilisieren, Nähe zu anderen Menschen herzustellen, uns selbst zu verwirklichen und uns ins Gleichgewicht zu bringen. Sie zeigen an, wenn etwas nicht stimmt, und sind die Träger von Wohlbefinden und Lebendigkeit. Zusammengefasst: Gefühle lassen uns die Welt erleben und bringen uns ins Gleichgewicht – sofern sie nicht entgleisen.

Haben wir zum Beispiel Angst, dann zeigt uns das Gefühl, dass unser Bedürfnis nach Sicherheit gerade verletzt ist und wir möglicherweise in Gefahr sind. Das Gefühl der Angst wird uns dann in die Lage versetzen, die Sicherheit wiederherzustellen. Das Gefühl befähigt uns zu einer schnellen Reaktion auf die Gefahr. Es bereitet uns in null Komma nichts auf Kampf oder Flucht vor, indem es eine ganze Kaskade an körperlichen Reaktionen auslöst. Der Blutdruck steigt, die Atmung wird flacher und schneller, die Muskeln und das Gehirn werden besser durchblutet, der Körper stellt alles zur Verfügung, was wir zum Überleben brauchen. Aber Gefühle können noch viel mehr als Kampf-Flucht-Erstarren-Reaktionen auszulösen. Durchschauen wir diesen Mechanismus, können wir ihn gezielt für uns einsetzen und aktiv verhindern, dass Emotionen zur Bedrohung werden.

Wenn wir uns beispielsweise einsam fühlen, zeigt uns dieses Gefühl, dass wir Nähe zu anderen Menschen brauchen und uns eine enge Verbindung fehlt. Es zu spüren, tut weh. Das kennen wir nur zu gut. Aber wenn wir es zulassen und die Gefühlswelle surfen, werden wir feststellen, dass das Gefühl uns nicht wegreißen wird, denn aus ihm heraus wird sich im besten Fall ein bestimmtes Verhalten entwickeln. Wir werden Nähe und Kontakt zu anderen Menschen suchen. Möglicherweise werden wir jemanden anrufen, der uns nahesteht. Einen Freund oder die Familie kontaktieren, um etwas gegen die Einsamkeit zu tun, und damit das Bedürfnis nach Nähe erfüllen. Gefühle lösen also technisch gesprochen bestimmte Verhaltensimpulse aus, die zur Befriedigung unserer Bedürfnisse führen.

Wollen wir uns wieder lebendig fühlen, uns wieder spüren, oder fühlen wir uns verloren, dann sollten wir den Weg gehen, den unsere Gefühle uns weisen. Unterdrücken wir Gefühle hingegen, betäuben oder vermeiden wir sie, anstatt ihnen zu folgen, passiert, wie wir gesehen haben, in der Regel nichts Gutes. Unterdrückte oder verdrängte Gefühle werden oft schwer wie Blei oder bitter. Und geht uns die Kraft aus, bricht die Welle mit aller Wucht über uns herein und nimmt uns die Luft zum Atmen. Es fühlt sich dann so schrecklich an, dass wir lieber gleich wieder versuchen werden, das Gefühl »wegzumachen«. Damit beginnt der Teufelskreis aus Unterdrückung und Überwältigung erneut. Der Informationsgehalt des Gefühls geht so verloren und das Bedürfnis nach Nähe bleibt dauerhaft unbefriedigt. Manchmal tendieren wir sogar dazu, uns noch mehr zurückzuziehen, und gerade dadurch wird eine gefährliche Abwärtsspirale losgetreten. Denn durch dieses Rückzugsverhalten wird die Einsamkeit bestätigt und weiter verstärkt. Manche Menschen greifen in der Folge zu Alkohol, Tabletten, Drogen oder flüchten sich in ungesunde und toxische Beziehungen. Damit schrauben sie sich weiter in den Abgrund. Das Gefühl der

Einsamkeit bleibt bestehen, das dahinter liegende Bedürfnis nach Nähe wird nicht erfüllt. Gefühle haben einen Sinn. Sie zeigen uns unsere Bedürfnisse an. Auch schmerzhafte und negative Gefühle haben Informationscharakter. Sie wollen uns etwas sagen. Wir sollten hinhören, denn Gefühle sind unser innerer Kompass auf dem Weg zu uns selbst.

Wir sollten uns also aufs Wasser raustrauen und lernen, unsere Gefühle zu surfen, anstatt sie zu verdrängen, damit wir unsere Bedürfnisse erfüllen können. Das bedeutet nicht, dass wir dadurch dauernd und für immer glücklich sein werden. Im Gegenteil, es bedeutet, alle Gefühle wieder mehr wahrzunehmen und zu spüren, auch die negativen und schmerzhaften. Es heißt aber gleichzeitig, lebendiger zu sein und langfristig mehr Zufriedenheit und Glück in sein Leben zu bringen. Um richtig surfen zu können, ist es von Vorteil, so viel wie möglich über Gefühle zu wissen. Denn wie wir bereits gelernt haben, ist Wissen die Basis dafür, dass wir Vertrauen in unsere Fertigkeiten zum Surfen von Gefühlen entwickeln. Und je besser wir sie verstehen, desto mehr Einfluss haben wir darauf, wie Gefühle auf uns wirken und was sie bei uns auslösen.

Die Natur der Gefühle

Es gibt viele unterschiedliche Gefühlswellen. Manche sind groß, manche sind ganz klein. Manche dauern ewig und manche ebben schnell wieder ab. Einige wollen wir nur allzu gern surfen, in den kleinen und großen Wellen herumtoben, zum Beispiel Freude, Glück, Liebe, Verbundenheit, Geborgenheit oder Zufriedenheit. Vor anderen wiederum haben wir wahnsinnige Angst. Manche Gefühle packen uns, wirbeln uns durch das Wasser und drücken uns mit Wucht auf den Boden, sodass wir keine Luft mehr zum Atmen haben. Einsamkeit zum Beispiel kann sich sehr bedrohlich und schmerzhaft anfühlen. Es gibt angenehme Gefühle wie zum Beispiel Freude, Lust, Geborgenheit, oder Überraschung und unangenehme und schmerzhafte wie Angst, Wut, Scham oder Schuld. Manchmal überwältigen uns auch gemischte Gefühle wie Heimweh, Mitgefühl oder Wehmut. Oder angenehme und unangenehme Gefühle tauchen gleichzeitig auf und verwirren uns komplett. Da soll sich noch einer auskennen! Stephen Chbosky beschreibt das in seinem Buch »Das ist also mein Leben«[13], wie ich finde, sehr treffend:

> »Und ich will, dass du weißt, ich bin glücklich und traurig zugleich und versuche noch immer herauszufinden, wie das eigentlich sein kann.«

Es kann manchmal ganz schön schwierig sein, in dieser Vielschichtigkeit genau zu erkennen, welche Gefühle sich gerade in einem regen und was sie uns sagen wollen, vor allem, wenn die Wellen schnell kommen. Aber zu wissen, dass viele verschiedene Gefühle gleichzeitig auftreten können, ist schon mal ein gutes Instrument, das uns beim Surfen von Gefühlen, vor allem bei der Wahrnehmung und Beschreibung und schließlich bei der Bewältigung unterstützen kann. Wir brauchen definitiv ein bisschen Werkzeug und eine Schwimmweste zum Surfen. Sonst kann es schnell passieren, dass das Gehirn davonschwimmt und uns das Surfbrett auf den Kopf knallt. Nach dem ersten Surfversuch tut auch schon mal alles weh. Denn Gefühle surfen ist unheimlich anstrengend. Lassen wir Gefühle zu, kommt es uns manchmal vor, als würden wir durch die Mangel gedreht. Das merken wir zum Beispiel nach dem Weinen. Wir sind dann meist völlig erschöpft. Manchmal fallen wir auch ins Wasser und werden ein Stück weit von einer Welle mitgerissen. Aber nach einer

Weile nimmt ihre Kraft in der Regel ab und wir können wieder an die Oberfläche schwimmen. Es kann körperlich und seelisch sehr auslaugend sein zu fühlen. Aber es lohnt sich.

Geht's auch anders?

Gibt es einer Alternative zu Kämpfen, Fliehen oder Erstarren? Ja, die gibt es! Die einfache, aber doch so schwierige Alternative ist, Gefühle zulassen. Sie beobachten, sie spüren, um dann mit ihnen umgehen zu lernen, anstatt gegen sie anzukämpfen. Mut zum Fühlen! Gefühle wie Wellen kommen lassen und darauf vertrauen, dass sie irgendwann wieder gehen werden. Denn jedes Gefühl hat einen Anfang und ein Ende. Ziel ist es, frei, flexibel und bewusst entscheiden zu können, wie man auf bestimmte Situationen und spezifische Gefühle reagieren will, anstatt in alte automatische und unbewusste Muster oder Bewältigungsstrategien zu verfallen und sich von den Gefühlswellen hin- und herschleudern zu lassen. Dazu ist es wichtig, die eigenen Gefühle beobachten zu lernen. Sie bewusst wahrzunehmen und sie nicht mehr als Bedrohung zu interpretieren. Sie zu tolerieren, auch wenn sie unangenehm und schmerzhaft sind. Denn nur wenn wir unsere Gefühle annehmen und aus ihnen lesen lernen, verstehen wir, was wir brauchen, was unsere wahren Bedürfnisse sind und letztlich, wer wir wirklich sind. Welches Gefühl ist gerade da? Was will es uns sagen? Welche Botschaft und welches Bedürfnis stecken dahinter? Unter Umständen kann es natürlich auch zielführend sein, ein Gefühl einfach wegzuschieben, aber erst dann, wenn man es sich wenigstens einmal kurz angeschaut hat. Es geht auch nicht darum, all die alten Überlebensstrategien komplett abzuschaffen. Es geht darum, flexibler zu werden und auf Basis einer reflektierten Entscheidung mit den eigenen Gefühlen zu arbeiten. Sie also in gewisser Weise bewusster und objektiver zu betrachten und zu erleben, um sie schließlich besser managen zu können, anstatt von ihnen kontrolliert zu werden. Verlieren wir die Angst vor den Gefühlen, können wir wieder lebendig sein.

Am Beispiel unserer Vortragsangst würde das bedeuten, sich erst einmal bewusst zu machen, was man gerade fühlt. Nämlich Angst. Man merkt, dass der Körper reagiert, vielleicht mit Zittern, Schwitzen oder Herzklopfen. Eine gesunde Bewältigung heißt nun eben nicht vermeiden, verdrängen oder betäuben, sondern Akzeptanz! Die Angst darf da sein. Sie darf mit zum Vortrag gehen. Sie ist völlig normal und sehr menschlich! Die Angst wird nicht weggehen, aber der Vortrag kann trotzdem gelingen. Handeln trotz und mit der Angst, anstatt Lähmung durch die Angst.

Das Problem ist also nicht das Gefühl. Das Problem ist der dauernde Versuch, das Gefühl zu eliminieren. Ein zufriedenstellendes Leben ist ein Leben, in dem Gefühle auf gesunde Weise bewältigt werden, anstatt sie permanent zu verdrängen.

Gefühlswellen beobachten und verstehen lernen

Gefühle auf gesunde Weise zu bewältigen, beginnt mit einer bewussten Wahrnehmung und dem Erkennen von Gefühlen. Erst wenn wir sie gespürt haben, verstanden haben, woher sie kommen und was sie uns sagen wollen, sollten wir uns daranmachen, sie zu bewältigen. Und eben nicht beim kleinsten Aufkeimen einer Empfindung schon versuchen, das Gefühl zu beseitigen. In der Realität wird das mal klappen und mal nicht. Auf unserer kleinen gemeinsamen Reise wirst du zu einer bewussteren Wahrnehmung deiner Gefühle, Gedanken und Verhaltensweisen gelangen. Und das ist meist schon ein richtiger Meilenstein. Die bewusste Reflexion von Gefühlen, Gedanken und Verhaltensweisen kann viel verändern. Deshalb beschäftigen wir uns im nächsten Kapitel damit, wie man seine Gefühle beobachtet, sie achtsam und klar wahrnimmt und differenziert benennt. Ein weiterer wichtiger Aspekt ist das Annehmen oder Akzeptieren von Gefühlen. Es gibt diesen etwas technischen Fachbegriff, der uns schon begegnet ist und ausdrückt, was wir uns wünschen, wenn wir von schmerzhaften Gefühlen gequält werden: Validierung. Wir wollen verstanden werden. Wir brauchen nicht immer gleich Lösungsvorschläge und Abwehrmechanismen für Emotionen. Wir brauchen Verständnis. Das bedeutet, mir selbst oder auch meinem Gegenüber zu vermitteln, dass mein Gefühl gerade richtig ist, dass es in Ordnung ist, so zu fühlen, und dass es in der Situation oder vor dem Hintergrund meiner Erfahrungen nachvollziehbar ist. Kurz gesagt: dass mein Gefühl hier richtig und erlaubt ist. Und bevor wir uns ans gesunde Regulieren von Gefühlen machen, sollten wir das Validieren üben. Validieren vor Regulieren! Das Gefühl erst einmal da sein lassen, es analysieren, verstehen und akzeptieren und dann erst regulieren. Du wirst dann nicht länger in unbewussten Mustern gefangen sein. Wir schauen jedes aufkommende Gefühl zumindest kurz an, schenken uns selbst oder unserem Gegenüber Verständnis und überlegen, ob eine andere Strategie als die übliche jetzt hilfreicher wäre. Wir surfen.

Ich möchte dich an dieser Stelle kurz an unser 7-Schritte-Programm erinnern. Schritt Nummer 1 hast du schon ausprobiert, das Erkennen von Vermeidungs-, Verdrängungs- und Betäubungstaktiken. Wenn wir am Ende unserer Reise angelangt sind, wirst du dich hoffentlich auch trauen, die schädlichen

Strategien im Umgang mit deinen Gefühlen aufzugeben und sie stattdessen auf gesunde Weise zu surfen.

EINE KURZE ANLEITUNG ZUM GEFÜHLESURFEN

Vermeidungsstrategien erkennen und stoppen.
Gefühle bewusst wahrnehmen.
Gefühle benennen.
Gefühle annehmen.
Auslöser verstehen.
Gefühle prüfen.
Gefühle auf gesunde Weise bewältigen.

Gefühle bewusst wahrnehmen

Lass uns also weitergehen zu Schritt Nummer 2: dic Wahrnehmung von Gefühlen und die Entwicklung von Körpergefühl. Wollen wir lernen, unsere Gefühle auf gesunde Weise zu bewältigen, anstatt von ihnen kontrolliert zu werden, dann müssen wir hinschauen. Sie wahrnehmen. Unser Körper liefert gute Anhaltspunkte dafür, was emotional gesehen in uns vorgeht. Viele Gefühle haben eine körperliche Komponente, wie zum Beispiel Herzklopfen, Bauchkribbeln, Zittern, Schwitzen, Druckgefühle usw. Der Körper sendet wichtige Signale. Zum erfolgreichen Surfen brauchen wir also ein gutes Körpergefühl und Achtsamkeit für uns selbst. Schenke dir jetzt ein bisschen Aufmerksamkeit. Welche Gefühlswellen kennst du schon? Was fühlst du, wenn du deine Aufmerksamkeit nach innen richtest? Wo nimmst du Gefühle in deinem Körper wahr? Hast du schon einmal vor Wut gekocht, vor Angst gezittert oder gespürt, wie die Traurigkeit dir die Kehle zugeschnürt hat?

Bei dem Versuch, Gefühle zu identifizieren und sie lesen zu lernen, stehen wir oft vor einer großen Herausforderung. Häufig können wir nicht zuordnen, was genau in unserem Inneren los ist. Es fühlt sich diffus an. Aber wir können unseren Fokus dafür schärfen. Wie einen Muskel, den wir trainieren, können wir unsere emotionalen Kompetenzen durch Training verbessern. Und damit sind wir schon bei der ersten kleinen Übung. Was fühlst du gerade wirklich?

ÜBUNG Gefühle wahrnehmen

Frage dich, was denn eigentlich gerade los ist, wenn du dich »irgendwie fühlst«. Beginne, dich mit dir selbst auseinanderzusetzen. Setz dich hin und beschreibe möglichst genau, was in dir gerade vorgeht. Spüre in dein Innerstes. Schreibe es auf, zum Beispiel in ein Tagebuch. Keine Sorge, aller Anfang ist schwer. Wenn es noch nicht funktioniert, setze dich nicht unter Druck. Lies ein bisschen weiter.

Dein Körper wird dir dabei helfen, deine Gefühle wahrzunehmen und zu erkennen. Entwickle ein Gespür dafür, wann die Welle kommt, wann du anfangen musst zu paddeln, wann du aufstehen kannst und wann die Fahrt so richtig losgeht. Oft bemerken wir Gefühlswellen nicht oder erst spät und dann überrollen sie uns. Staut sich zum Beispiel tagsüber in der Arbeit viel Frust an, den man nicht bemerkt und auch nicht abarbeiten kann, kann es passieren, dass daraus eine heftige Wutwelle wird, die uns mitreißt und Partner:innen, Eltern, Mitbewohner:innen oder andere uns nahestehende Personen überrollt. Gefühlswellen rechtzeitig zu erkennen, bietet hier neue Möglichkeiten. Dazu ist es wichtig, Kontakt zum eigenen Körper aufzunehmen. Manchmal hat man das Gefühl, nur im Kopf zu leben. So, als würden wir lediglich aus Gehirn bestehen. Den Körper vergessen wir in unserem gehetzten, stressigen Alltag gerne. Erst wenn er sich durch Schmerzen, Magenverstimmungen, Anspannung, Unruhe oder vielleicht sogar eine Krankheit bemerkbar macht, fällt uns auf, dass wir ihn die letzten Monate oder Jahre völlig übersehen haben. Er war taub. Er hat funktioniert. Das hat neben körperlichen Folgeerscheinungen einen weiteren entscheidenden Nachteil: Wir spüren unsere Gefühle nicht mehr.

Es wäre also klüger, die Signale des Körpers wahrzunehmen, achtsam zu sein und hinzuspüren. Nur so können wir verstehen, was wir gerade brauchen, und verhindern, dass wir uns und unseren Körper beschädigen.

Jedes Gefühl hat eine körperliche Verankerung.

Viele Sprichwörter weisen auf die Verbindung zwischen Gefühlen und Körper hin. Uns liegt etwas schwer im Magen, etwas geht uns an die Nieren, uns läuft eine Laus über die Leber, wir haben etwas in den falschen Hals bekommen, haben Schmetterlinge im Bauch, laufen auf dem Zahnfleisch, haben Feuer unterm Hintern oder es fällt uns ein Stein vom Herzen. Wo spürst du die Angst im Körper, wo die Wut, die Traurigkeit, den Ekel, die Scham, die Schuld, die Freude, die Aufregung? Manchmal erschrecken wir, wenn wir das erste Mal wieder Kontakt zu unserem Körper aufnehmen. Aber keine Sorge, Körperempfindungen sind ganz normal und nicht jedes Signal ist ein Anzeichen einer Erkrankung. Wenn du lernst, deine Gefühle wahrzunehmen und im Körper zu spüren, wirst du dich lebendiger fühlen. Ohne Zweifel wirst du auch negative und schmerzhafte Gefühle wieder intensiver spüren.

Nimm Kontakt mit deinem Körper auf. Die nachfolgenden Übungen helfen uns, Gefühle im Körper besser wahrzunehmen. Wenn es dir schwerfällt, Gefühle überhaupt zu spüren, kann es hilfreich sein, wenn du mit der Übung »Bodyscan« anfängst. Versuche zunächst, aufmerksam und achtsam mit deinem Körper umzugehen, indem du dich auf deine Atmung konzentrierst. Mit der Übung »In Bewegung kommen« wollen wir den Körper wieder in seiner Gesamtheit erfahren und seinen Signalen Beachtung schenken. Dein Körper ist ein Geschenk. Nimm ihn nicht als selbstverständlich hin. Schenke ihm die Aufmerksamkeit, die er verdient.

ÜBUNG Gefühle lokalisieren

Versuche, deine Gefühle zu spüren. Stell fest, wo im Körper sie sich bemerkbar machen. Die Angst sitzt zum Beispiel bei vielen Mensch im Bauch, er kribbelt und verkrampft dann gerne. Der Körper zittert, die Hände schwitzen. Traurigkeit spüren wir oft im Herzen. Es sticht und schmerzt dann. Einsamkeit zeigt sich manchmal durch ein schweres, drückendes Gefühl in der Kehle und in der Brust. Die Wut findet sich häufig auch im Bauch oder in Form eines roten, heißen, rasenden Kopfes. Fühl mal! Wo sitzen deine Emotionen?

ÜBUNG Bodyscan

Am besten legst du dich in dein Bett oder auf eine bequeme Unterlage. Achte darauf, dass dir warm genug ist. Schließ die Augen. Konzentriere dich einen Moment lang nur auf deinen Atem. Atme ein und aus, tief in den Bauch hinein. Dann wandere mit deiner Aufmerksamkeit zu deiner Stirn. Spür mal rein, wie es sich dort anfühlt, ohne zu bewerten. Versuche, einfach nur wahrzunehmen. Wandere weiter zu deinen Augen. Dann zu deiner Mund- und Kinnpartie. Lass die Aufmerksamkeit durch deinen Körper laufen wie einen Radar. Vom Scheitel bis in die Zehenspitzen. Werde dir bewusst, dass dein Körper auch da ist, nicht nur dein Kopf. Wandere über den Hals und den Nacken, die Schulter und die Arme bis in die Fingerspitzen. Wann hast du zuletzt deine Fingerspitzen bewusst wahrgenommen? Geh weiter mit der Aufmerksamkeit durch die Brust, den Bauch und den

Rücken, über das Gesäß, die Oberschenkel bis in die Zehenspitzen. Atme dabei gleichmäßig in deinem Tempo. Lass den Scheinwerfer der Aufmerksamkeit ein- oder zweimal durch deinen Körper laufen, bevor du die Augen wieder öffnest.

ÜBUNG In Bewegung kommen

Eine gute Möglichkeit, wieder in Kontakt mit sich selbst und dem Körper zu kommen, ist Bewegung. Finde eine Art der Bewegung, die dir Freude macht, und versuche, sie in den Alltag zu integrieren, am besten täglich. Geh eine Runde im Park spazieren, joggen oder schnapp dir dein Rad. Mach Yoga, tanze oder geh in die Kletterhalle. Egal, was du tust, zwinge dich nicht, tu es voller Dankbarkeit für deinen Körper, der dich jeden Tag durchs Leben trägt. Versuche, deinen Körper dabei achtsam wahrzunehmen, und höre hin, spüre hin!

Probiere diese Übungen einfach mal aus. Du wirst sehen, dein Körper wird dir viele Signale geben, und wenn du lernst, deine Gefühle wahrzunehmen und zu benennen, können wir erst richtig loslegen mit unserem kleinen Surfkurs. Denk daran, Gefühle sind wichtig, weil sie uns über unsere Bedürfnisse informieren und uns damit den Weg zu mehr Glück und Zufriedenheit weisen. Der Körper hilft uns dabei, Gefühle zu entdecken und lesen zu lernen.

Gefühle benennen

Was bedeutet es, wenn es dir gut oder schlecht geht? Was genau fühlst du dann? Die meisten Menschen haben als Antwort auf diese Frage eine überschaubare Liste an Gefühlen parat: Angst,

Traurigkeit, Wut, Freude. Wenn man dann noch ein bisschen genauer nachfragt, dann werden häufig noch Überraschung und vielleicht sogar Scham und Schuld genannt. Das ist in unserem emotionalen Wortschatz meist aber auch schon das Ende der Fahnenstange. Wenn man jemanden fragt, wie er oder sie sich gerade fühlt, bekommt man zumeist diese alles und nichtssagende leere Hülse »gut« oder »schlecht« als Antwort. Ein schlichtes Kopfnicken oder eine kleine Mitgefühlsbekundung reichen meistens aus, um zur Tagesordnung zurückzukehren und sich wieder mit den wichtigen Dingen des Lebens zu beschäftigen. Man kann sowieso nichts daran ändern und will es lieber nicht genau wissen. Auch das Gegenüber ist überfordert, so die Befürchtung, mit den sogenannten negativen Gefühlen. Die wollen wir lieber nicht haben, geschweige denn darüber reden.

Was aber passiert, wenn du Gefühlsverdränger-/-vermeider-/-betäuber-Taktiken mal weglässt und beginnst, deine Gefühle im Körper zuzulassen? Fühlst du dich überschwemmt von Gefühlen? Oder hast du den Eindruck, gar nichts zu spüren? Wahrscheinlich wirst du dich irgendwie gut oder irgendwie schlecht fühlen. Aber was heißt denn nun »gut« oder was bedeutet es, wenn es dir »schlecht« geht? Lisa Feldmann Barrett, eine der führenden amerikanischen Emotionsforscherinnen, hat in zahlreichen Experimenten herausgefunden, dass Menschen unterschiedlich gut Gefühle wahrnehmen und benennen können. Manche Menschen können sehr differenziert beschreiben, wie es ihnen geht. Sie können einzelne Gefühle wie Angst, Trauer, Wut, Scham oder Einsamkeit klar benennen, während andere nur unterscheiden zwischen »schlecht« und »gut«. Feldmann Barrett nennt dies emotionale Granularität, also Feinkörnigkeit.[14] Wenn wir zu uns selbst finden wollen, uns spüren und lebendig fühlen möchten, brauchen wir eine feine emotionale Granularität. Wir müssen unsere Gefühle wahrnehmen und sie klar und differenziert benennen oder beschreiben können, denn nur wenn uns das gelingt, können wir sie auf gesunde Weise bewältigen, anderen mitteilen und uns ihnen dadurch nahe fühlen.

Das ist Schritt Nummer 3 in unserem 7-Punkte-Programm zum Surfen von Emotionen: Gefühle benennen. Wie fühlst du dich gerade? Die Antwort schießt dir wahrscheinlich sofort durch den Kopf: Irgendwie schlecht. Oder ganz gut. Vielleicht bist du jetzt auch irritiert, zuckst mit den Schultern und denkst dir: »Keine Ahnung, wie soll's mir schon gehen, ich spüre nichts.« Emotionale Taubheit. Oder: »Hilfe, ich spüre alles und davon zu viel!« Emotionale Kernschmelze. Keine Sorge, aller Anfang ist schwer und Übung macht den Meister. Es gibt einen Mittelweg des Fühlens zwischen totaler Taubheit und atomarer Emotionsexplosion.

Gibst du mir eine so grobkörnige Antwort wie gut oder schlecht auf die Frage, wie es dir geht, bin ich fast genauso schlau wie vorher. Bist du traurig? Wütend? Hast du gerade Angst? Ich habe nicht den blassesten Schimmer, wie es in dir gerade aussieht. Du könntest genauso gut sagen, schwarz oder weiß. Wenn wir uns auf hoher See verlieren und ich nach dir suchen will, wird es mir wenig nützen, wenn du sagst, »oben« oder »unten«, »links« oder »rechts«. Dazu brauche ich deine Koordinaten, sonst werden wir uns nicht finden und ich kann dir nicht helfen.

Auf unsere Emotionen übertragen bedeutet das, dass wir unsere Gefühle benennen und zum Ausdruck bringen müssen, damit wir bei der Emotionsregulation Hilfe von anderen in Anspruch nehmen können. Der Ausdruck von Gefühlen durch Körpersprache und Sprache ist ein zentraler Bestandteil einer gesunden Emotionsbewältigung. In den vorherigen Kapiteln wurde der Sinn von Gefühlen bereits angesprochen. Ein Aspekt darf dabei nicht unterschätzt werden, der mir in vielen Therapiestunden immer wieder aufgefallen ist: Viele Menschen sprechen die Sprache der Emotionen nicht. Es fehlt ihnen tatsächlich an Vokabular. Also zurück zu den Basics! Ich kann nicht erwarten, dass mir jemand erklärt, was er auf dem Ozean beobachtet, wenn ihm Begriffe wie Strömung oder Brandung nichts sagen. Gefühle in Worte zu fassen, muss man lernen. Starke und große Wellen können dadurch etwas kleiner werden, weil allein durch das Benennen von Gefühlen eine erste Distanzierung von ihnen gelingt. Kann ich mein Gefühl benennen, bin ich schon nicht mehr hilflos und unbewusst in seinem Strudel gefangen. Die Gefühle verlieren dadurch an Intensität. Du steigst damit auf das Surfbrett und bist nicht mehr im Schleudergang der Gefühlswellen-Waschmaschine gefangen.

> Viele Menschen sprechen die Sprache der Emotionen nicht oder haben sie verlernt.

Wir beginnen also zusätzlich zur Schulung unserer Wahrnehmung von Gefühlen über das Körpergefühl (Schritt 2) mit einem kleinen Sprachkurs (Schritt 3), mit einem Gefühls-ABC. Vielleicht kommt dir das albern oder überflüssig vor. Wenn du in der Sprache der Emotionen schon fortgeschritten bist, darfst du diese Lektion natürlich gern überspringen. Ich möchte nur, dass wir alle auf dem gleichen Stand sind, bevor es weitergeht. Nicht jeder von uns hat sich in seinem Leben schon mal mit dem Surfen von Gefühlen beschäftigt. Viele von uns wissen nicht, wie Gefühlswellen entstehen oder was sie zu bedeuten haben, welche Funktion sie haben oder wodurch sie ausgelöst werden, geschweige denn, wie man sie benennt. Also lass uns die Sprache der Gefühle lernen.

Es gibt so viel mehr als Angst, Wut, Traurigkeit oder Einsamkeit. Führe dazu die Übung Gefühle erkennen und benennen durch. Am besten nimmst du dir etwas Zeit für dich, bevor du weiterliest, und spürst in dich hinein, was sich gerade in dir tut.

Hast du Gefühle? Beobachte dich im Verlauf der nächsten Tage. Erwische dich dabei, wenn du eine Emotion hast, und versuche, sie zu benennen. Du wirst sehen, es macht vielleicht sogar ein bisschen Spaß.

Das ABC der Emotionen		
▪ Abscheu ▪ Angst ▪ Ärger ▪ Anteilnahme ▪ Begehren ▪ Bedauern ▪ Besorgnis ▪ Beunruhigung ▪ Dankbarkeit ▪ Eifersucht ▪ Ekel ▪ Enttäuschung ▪ Erleichterung ▪ Ergriffenheit ▪ Euphorie ▪ Freude ▪ Fröhlichkeit ▪ Frustration ▪ Furcht ▪ Glück ▪ Gereiztheit ▪ Gekränktheit ▪ Groll ▪ Heiterkeit	▪ Heimweh ▪ Hoffnung ▪ Hass ▪ Hoffnungslosigkeit ▪ Leidenschaft ▪ Liebe ▪ Lust ▪ Langeweile ▪ Leere ▪ Mitgefühl ▪ Mitleid ▪ Misstrauen ▪ Neugierde ▪ Neid ▪ Niedergeschlagenheit ▪ Panik ▪ Rührung ▪ Stolz ▪ Schadenfreude ▪ Sehnsucht ▪ Scham ▪ Schmerz ▪ Schuld	▪ Schwermut ▪ Sorge ▪ Trauer ▪ Traurigkeit ▪ Trotz ▪ Überraschung ▪ Überdruss ▪ Ungeduld ▪ Unruhe ▪ Unsicherheit ▪ Vertrauen ▪ Verlangen ▪ Verlassenheit ▪ Verzweiflung ▪ Verachtung ▪ Wohlwollen ▪ Wehmut ▪ Wut ▪ Zuneigung ▪ Zufriedenheit ▪ Zutrauen ▪ Zorn ▪ usw.

ÜBUNG Gefühle erkennen und benennen

Beobachte dich selbst und versuche, dich dabei zu erwischen, wenn du etwas fühlst. Schau hin, was da ist. Wie fühlst du dich? Ich weiß, es ist schwierig zu beschreiben, denn manchmal ist es ein ziemliches Gefühlschaos und es fehlen die nötigen Vokabeln, wenn wir die Sprache der Gefühle noch nicht sprechen oder es nicht gewohnt sind, sie zu sprechen. Versuche, die Gefühle möglichst treffend zu benennen. Wie heißen sie? Am besten wäre es, wenn du aufschreibst, was du erlebst. Schnapp dir dein Notizbuch und führe ein Gefühlstagebuch. Du darfst auch ein bisschen abschreiben. Dazu habe ich dir eine kleine Gefühlsliste erstellt.

Übe, Gefühle wieder wahrzunehmen. Lerne die Sprache der Gefühle und versuche in der nächsten Woche, auch deinen Körper wieder deutlicher zu spüren. Er hilft dir beim Erkennen von Gefühlen. Die kleinen Übungen, die wir bisher besprochen haben, können dir dabei helfen. Erkennen wir unsere Gefühle und können wir sie benennen, wird es für uns leichter sein, sie zu bewältigen. Es ist außerdem ein erster Schritt zur Distanzierung. Begib dich in die Beobachterrolle. Das wird dir helfen, deinen Handlungsspielraum zu erweitern. Durch das bewusste Wahrnehmen und Benennen von Gefühlen gewinnen wir Zeit und ermöglichen uns, bewusst zu entscheiden, wie wir auf ein Gefühl reagieren wollen.

EINE KURZE ANLEITUNG ZUM GEFÜHLESURFEN

Vermeidungsstrategien erkennen und stoppen.
Gefühle bewusst wahrnehmen.
Gefühle benennen.
Gefühle annehmen.
Auslöser verstehen.
Gefühle prüfen.
Gefühle auf gesunde Weise bewältigen.

Gefühle annehmen – Akzeptanz und Verständnis

Gar nicht so selten verurteilen wir uns für unsere Gefühle. Wir ärgern uns über uns selbst oder schämen uns sogar für das, was wir empfinden. In unserem Kopf taucht dann plötzlich der innere Kritiker auf, der uns zusammenstaucht, weil wir diese Gefühle haben: »Wieso bist du nur wieder so erbärmlich feige? Reiß dich gefälligst zusammen!« So wie andere Menschen unsere Gefühle manchmal nicht ernst nehmen oder gar kritisieren, tun wir dies häufig auch mit uns selbst. Wir sind dabei meist unsere größten Kritiker und gehen am härtesten mit uns ins Gericht. Der Schlüssel zu einem gesunden Emotions-Surfing ist es, zu akzeptieren, dass wir als menschliche Wesen fühlen. Auch die nicht hilfreichen Gefühle müssen wir zunächst einmal radikal akzeptieren.[15] Mit radikaler Akzeptanz ist gemeint, dass wir nicht länger gegen schmerzhafte und problematische Emotionen ankämpfen, da dieser Kampf meist zwecklos und anstrengend oder sogar schädlich für uns ist.[16] Wir müssen aufhören, unsere Gefühle zu vermeiden oder mit ungesunden Strategien zu bekämpfen. Nur so können wir sie nachhaltig und auf gesunde Weise meistern. Akzeptanz ist ein gutes Mittel, um wieder fühlen zu lernen. Um Gefühle einfach nur Gefühle sein zu lassen und sie wieder auszuhalten. Durch Akzeptanz können wir unsere Toleranz für Emotionen steigern und das verschafft uns Handlungsspielraum, um zu überlegen, wie wir auf sie reagieren möchten.

Es ist wichtig, sich selbst mit Verständnis und Mitgefühl zu begegnen. Wie reagierst du auf die Gefühle deiner Freunde? Sagst du ihnen auch, dass sie sich zusammenreißen sollen oder dass es keinen Sinn macht, jetzt so zu fühlen, wie sie fühlen? Ich wette, das tust du nicht. Was sagst du stattdessen? Der kleine und einfache Satz, der die Kraft hat, Berge zu versetzen, lautet:

»Das kann ich verstehen.« Denk daran: Fühlen ist menschlich. Deine Gefühle stehen nicht zur Diskussion. Wenn du in einer Situation etwas fühlst, dann ist das so. Es ist okay. Das darf sein. Das ist menschlich. Versuch doch mal, deine Haltung zu dir selbst ein bisschen zu verändern. Sage dir: »Gefühle sind okay« und »Es ist verständlich, sich so zu fühlen«, »Anderen würde es genauso gehen.« Akzeptiere das Auf und Ab der Wellen im Leben. Es ist zudem ein menschliches Bedürfnis, verstanden zu werden in dem, was wir denken und fühlen. Warum damit nicht bei sich selbst beginnen? Von Validierung war schon die Rede. Das bedeutet, das Gefühl im Kontext seiner Entstehung, in der jeweiligen Situation, in der es auftaucht, und aufgrund der eigenen biografischen Erfahrung in seiner Richtigkeit anzuerkennen und es als nachvollziehbar beziehungsweise verständlich einzuordnen. Validieren vor Regulieren! Also erst einmal Akzeptanz und Verständnis für die eigenen Gefühle aufbringen, bevor man sich daranmacht, sie zu beseitigen.

> Es ist okay zu fühlen. Es ist verständlich. Es ist menschlich. Gefühle sind etwas Normales.

Gefühlswellen bewusst wahrnehmen, sie in Worte zu fassen und sie als normal und verständlich anzuerkennen sind zentrale Techniken, um die Intensität von Emotionen schon ein kleines bisschen runterzuschrauben. Diese Schritte auf dem Weg ins Wasser mögen klein oder banal erscheinen, aber sie können Großes bewirken. Es ist hilfreich, die Anwesenheit von Gefühlen zu akzeptieren und den dauernden und anstrengenden Kampf gegen sie aufzugeben.

ÜBUNG Akzeptieren und Validieren

Übe dich darin, deinen Empfindungen mit Akzeptanz und Verständnis zu begegnen. Akzeptiere, dass Gefühle zu deinem Leben gehören und sich in manchen Momenten nicht wegschieben lassen. Trainiere die Technik des Validierens mit ein paar einfachen Sätzen: »Es ist okay, gerade so zu fühlen«, »Es ist normal, sich jetzt so zu fühlen, das darf sein« und »Das ist verständlich«.

Auslöser verstehen

Im Umgang mit belastenden Gefühlen ist es hilfreich, sich zu überlegen, warum ein spezielles Gefühl in einem bestimmten Moment auftritt. Im Rahmen einer Psychotherapie werden die emotionalen Kompetenzen mit gezielten Methoden trainiert. Neben der bewussten Wahrnehmung und dem Benennen von Gefühlen gehört das Erkennen der Ursachen sowie das Überprüfen der auftretenden Emotionen auf Angemessenheit zu den emotionalen Basisfertigkeiten.[17] Was ist dic Ursache oder der Auslöser meines Gefühls? Ein Streit, Stress, Frustration über unerfüllte Bedürfnisse oder die eigenen Ansprüche? Warum bin ich jetzt gerade traurig, wütend oder ängstlich? Es gibt viele Gründe, warum uns schmerzhafte oder unangenehme Gefühle heimsuchen. Aber Achtung: Die Ursachenforschung ist nicht immer erfolgreich. Manchmal liegt es schlicht und ergreifend an körperlichen Ursachen, die wir nicht bewusst wahrnehmen. Morgens schlechte Laune oder ein kleines Tief zu haben, muss nicht immer einen offensichtlichen Grund haben. Manche Menschen fühlen sich tagsüber irgendwie »down«, wenn sie übermüdet sind, dann hilft es meist schon, sich auszuschlafen, um der Emotion Herr zu werden. Manchmal sind wir auch gereizt, weil wir müde sind oder Hunger haben. Es lohnt sich, genauer hinzusehen und sich zu fragen, warum man sich gerade fühlt, wie man sich fühlt. Aus meiner Erfahrung gibt es viele Menschen, die Traurigkeit oder schlechte Laune mit Müdigkeit verwechseln. Die Erklärung mit der Müdigkeit war für einige meiner Patient:innen entlastend, da sie sich nicht mehr haareraufend den Kopf zerbrechen mussten, warum sie so niedergeschlagen waren. Denn findet man keinen Grund für seine negativen Gefühlswellen, macht das oft noch mehr Angst. Es lohnt sich also, auch solche Erklärungen in Betracht zu ziehen.

Ein weiterer Grund für unangenehme Gefühlswellen sind darunter liegende, verdrängte oder nicht erlaubte Gefühle. Versteckt sich hinter der Traurigkeit eine Wut, die man nicht äußern darf, hinter Wut oder Aggression eine Angst, die man nicht bemerkt hat? Es ist daher sinnvoll, die eigenen Gefühlslagen nach dem Zwiebelprinzip auseinanderzunehmen.

Verstehen wir, warum ein Gefühl in einem bestimmten Moment auftritt, gewinnen wir zu einem gewissen Grad bereits die Kontrolle darüber zurück. Denn nur wer versteht, kann bewusst und flexibel darauf reagieren. Es ist leichter, ein Gefühl anzunehmen und zu bewältigen, wenn wir herausgefunden haben, warum es da ist. Wir haben Dinge generell gern unter Kontrolle. Das liegt in unserer Natur und gibt uns ein Gefühl von Sicherheit und Selbstwirksamkeit. Das bedeutet, dass wir das Zutrauen in uns haben, eine Situation aktiv beeinflussen zu können. Die Ursachenforschung für Gefühlswellen spielt sich auf der gedanklichen Ebene in unserem Kopf ab. Hier ein Beispiel, wie so eine gedankliche Konversation im Inneren aussehen könnte: »Warum bin ich gerade traurig? Vielleicht weil ich müde und erschöpft bin und überhaupt keine Zeit für mich hatte heute, sondern nur Pflichten und Arbeit auf dem Programm standen.« Anschließend kann man die Strategie »Akzeptieren und validieren« nutzen, um die Welle abzumildern. »Kein Wunder, dass ich so niedergeschlagen bin, wenn der ganze Tag nur aus Pflichten und Arbeit bestand. Das ist okay.« Aus diesen Informationen leitet sich dann eine gesunde Bewältigungsstrategie ab, indem man sich fragt, was man jetzt bräuchte. Damit wären wir schließlich bei den aktiven Alternativen einer gesunden Emotionsregulation angelangt, was in den nächsten Kapiteln im Fokus steht.

ÜBUNG Auslöser und Ursachen verstehen

Überlege, welche Auslöser es für deine Gefühle gibt. Hast du Stress? Gab es einen Konflikt? Hast du Hunger? Stecken hinter deinen Gefühlen vielleicht noch andere Emotionen? Aber keine Sorge, nicht immer muss es einen Grund oder Auslöser geben. Mach dich mit der Ursachenforschung nicht verrückt. Gibt es aber eine Ursache und erkennst du sie, kannst du deine Gefühle gezielt validieren, also verstehen und akzeptieren. Die Ursachenforschung gibt dir ein Gefühl der Kontrolle. Aber auch, wenn Gefühle ohne Grund auftreten, ist es hilfreich, dafür Akzeptanz und Verständnis aufzubringen.

TIPP Traurig oder müde?

Manchmal hilft es, sich erst einmal auszuschlafen. Sind wir müde, erschöpft oder angespannt, gelingt uns das gesunde Surfen von Gefühlen weniger gut. Meist sind die Gefühlswellen dann auch intensiver und wirken unkontrollierbar. Wenn also alles nichts hilft, dann erst einmal schlafen. Babys weinen, wenn sie müde sind. Auch wir Erwachsenen verwechseln manchmal Müdigkeit mit Traurigkeit. Durch Schlaf und Entspannung lässt sich das Grundanspannungsniveau senken, was uns die Emotionsbewältigung deutlich erleichtert.

Gefühle prüfen

Du fragst dich bestimmt manchmal, ob es auch unangemessene Gefühle gibt. Klar! Manchmal sind bestimmte Gefühle oder unsere Reaktion darauf einer Situation nicht angemessen. Von unangemessenen Gefühlen sprechen wir allerdings nur dann, wenn das Gefühl nicht hilfreich ist, um eigene Bedürfnisse zu befriedigen, wenn es übertrieben oder zu intensiv ist, nicht zur Situation passt oder uns in die Irre leitet. Zum Beispiel kann das Gefühl der Angst so groß werden, dass wir einfrieren und nicht weitergehen können, obwohl die Gefahr in der Realität gar nicht so groß ist. Wir werden also blockiert durch das Gefühl. Es ist dann nicht hilfreich.

Spielen in diesem Moment vielleicht auch »alte« Gefühle eine Rolle? Das heißt, reagierst du gerade so intensiv, weil die Situation alte Wunden aufreißt? Manchmal sind Gefühle auch unangemessen oder hinderlich. Schenke dir selbst die Aufmerksamkeit, um zu erkennen, ob dich dein Gefühl richtig leitet oder in die Irre führt. Ist es hilfreich? Ist es übertrieben? Ist meine Reaktion auf ein Gefühl angemessen und welche Konsequenzen ergeben sich daraus? Oft lässt sich eine Gefühlswelle abschwächen, indem wir uns bewusst darüber werden, dass das Gefühl gerade nicht zur Situation passt, zu intensiv ist oder wir von Gefühlen aus der Vergangenheit heimgesucht werden. Wir schaffen damit Distanz zum Gefühlsstrudel, indem wir unsere Ratio einsetzen. Gelingt uns das, können wir aktiv verhindern, dass unser Gehirn den Alarmknopf drückt und eine Stressreaktion auslöst. Kurz innezuhalten und Gefühle und unsere Reaktionen darauf auf ihre aktuelle Angemessenheit hin zu überprüfen ist eine gute Strategie, um den ersten Handlungsimpuls zu unterbrechen. Denken vor Handeln! Wir verschaffen uns Zeit, um eine situationsangemessene Reaktion auf das jeweilige Gefühl zu entwickeln.

ÜBUNG Gefühle prüfen

Wenn du mit den vorherigen Übungen schon etwas mehr Zugang zu deinen Gefühlen bekommen hast, dann teste den nächsten Schritt. Überprüfe, ob dein Gefühl der jeweiligen Situation angemessen ist und ob es dir hilft, deine Bedürfnisse zu erfüllen. Manchmal sind es Gefühle aus vergangenen Situationen, die uns heimsuchen. Lies das Kapitel »Die Wunden der Vergangenheit – wie wir alte Gefühle loslassen können«, um zu lernen, wie man mit damit umgeht.

ÜBUNG Durchatmen, Prüfen, Konsequenzen vorhersehen

Ein Schritt für fortgeschrittene Surfer ist die Reflexion von Konsequenzen. Sobald man ein Gefühl wahrgenommen hat, kann man versuchen, innezuhalten, durchzuatmen und sich vorzustellen, welche Konsequenzen meine Reaktionen auf das Gefühl haben werden. Bin ich wütend auf meine Chefin, sollte ich zuerst einmal innehalten, durchatmen und mir überlegen, welche Konsequenzen es hätte, wenn ich sie wutentbrannt anschreien würde. In diesem Zeitfenster der Reflexion kocht die Wut meist schon um ein paar Grad herunter und eine bewusste Entscheidung darüber, wie man sich verhalten möchte, wird möglich.

An diesem Punkt kommen wir nun zu den Alternativen und gesunden Emotionsbewältigungsstrategien. Erkennen, wahrnehmen, annehmen, verstehen und prüfen sind alles Schritte, die der Gefühlswelle schon viel Macht nehmen können. Es sind die wichtigsten und zentralen Fähigkeiten zu einer gesunden Emotionsregulation. Im nächsten Kapitel werden wir nun sehen, was wir tun können, wenn wir uns unseren Gefühlen gestellt haben und endlich daran arbeiten können, dass sie irgendwann wieder gehen.

EINE KURZE ANLEITUNG ZUM GEFÜHLESURFEN

Vermeidungsstrategien erkennen und stoppen.
Gefühle bewusst wahrnehmen.
Gefühle benennen.
Gefühle annehmen.
Auslöser verstehen.
Gefühle prüfen.
Gefühle auf gesunde Weise bewältigen.

3 Gesunde Strategien der Emotionsbewältigung

Gefühle surfen – zwischen Vermeidung und Überschwemmung

Kommen wir zum siebten und damit letzten Schritt in unserem Surfkurs. Gefühle auf eine gesunde Weise zu bewältigen heißt, sie anzunehmen. Sich Gefühle zu erlauben. Sich ihnen zu stellen und richtig hineinzuspüren, auch wenn sie uns Angst machen. Sie wirklich zu fühlen. Sich die Zeit zum Fühlen zu nehmen, um dann wieder loszulassen und sich in die Zukunft auszurichten. Die Gefühle zu begrenzen, sie abzufedern und hinter sich zu lassen. Nicht darin zu ertrinken, sondern weiterzumachen und sich auf das Hier und Jetzt zu konzentrieren und auf das, was kommt. Es ist ein Wechselspiel aus bewusstem, intensivem Fühlen und dem Begrenzen von Gefühlen, aber diesmal mithilfe von gesunden Strategien. Gefühle surfen bedeutet nicht, ständig fühlen zu müssen. Man darf das Wasser auch wieder verlassen.

Wenn du bis hierhin gekommen bist, hast du die Welle schon fast geschafft. Auf jeden Fall bist du gepaddelt, was das Zeug hält. Die Welle hat dich nicht überrollt. Du bist dabei, sie zu surfen. Denn mit all den besprochenen Schritten bist du gerade auf deinem Brett aufgestanden. Und wer schon mal wirklich im

Meer wellenreiten war, weiß, wie schwer es ist, überhaupt auf diesem verdammten Brett aufstehen zu können. Wenn du dein Gefühl wahrgenommen hast, es benennen konntest, es angenommen hast und dir erlaubt hast, es zu fühlen, dann stehst du jetzt auf deinem Surfbrett und die Fahrt geht los. Vielleicht hast du dabei immer noch Angst. Aber hey, das ist okay. Jetzt schauen wir uns an, wie man Gefühle auf gesunde Weise begrenzt, verarbeitet und die Welle absurft.

Haben wir die ersten Schritte des Emotionsbewältigungsprogramms hinter uns gebracht, ist das schon die halbe Miete und die Welle schon fast überstanden: Wir haben uns gegen Vermeidung und ungesunde Strategien zur Bewältigung entschieden, unsere Gefühle bewusst wahrgenommen, benannt, angenommen, die Auslöser verstanden und geprüft. Damit ist uns eine erste Distanzierung vom Gefühlschaos gelungen. Die letzte Aufgabe besteht darin, einen gesunden Umgang mit dem Gefühl zu finden, um es dann wieder loszuwerden. Es geht darum, einen gesunden Mittelweg zu finden. Es ist wichtig, Gefühle weder zu vermeiden noch sich von ihnen überschwemmen zu lassen, sich in ihnen aufzulösen und darin zu ertrinken.

Bewegung und Entspannung – Über die Atmung und den Alarmknopf im Gehirn

Zu den wichtigsten Kompetenzen des Gefühlesurfens gehören Entspannung und Bewegung. Wer surfen will, muss die körperliche Fitness trainieren, flexibel in seinen Bewegungen sein und sich entspannt konzentrieren können. Sind wir im Alltag angespannt und gestresst, erwischen uns die Gefühlswellen oft unvorhergesehen und umso heftiger. Gestresst reagieren wir häufig sensibler, sind ängstlicher und leichter reizbar als im entspannten Zustand. Die Zündschnur ist einfach kürzer. Das Gehirn löst den Alarmknopf schneller aus, wenn wir eine hohe Grundanspannung haben. Es gilt daher, dieses Grundanspannungslevel zu senken. Dazu eignet sich jede Art von Bewegung, wie Spazieren gehen, Joggen, Wandern, Schwimmen oder Klettern. Auch aktive Entspannungsverfahren wie Autogenes Training, Tai-Chi oder Yoga in den Alltag zu integrieren hilft dabei, das Stressniveau zu senken und ein Bewusstsein für den Körper und die Gefühle zu schaffen. Bewegung und Entspannung machen uns ausgeglichener. Sie lassen die Wellen im Grundniveau etwas sanfter werden. Zur Senkung des Stresslevels und zur Vorbeugung von stressbedingten Gefühlswellen kommt es hier natürlich auf die Regelmäßigkeit an. Bewegung und Entspannung sollten wir wie das Zähneputzen als tägliche Routine in unseren Alltag integrieren. Damit können wir einen großen Beitrag zur Vorbeugung psychischer Beschwerden leisten.

Sport und Entspannungsübungen sind aber nicht nur als präventive Maßnahmen gegen Gefühlsexplosionen geeignet, sondern auch als aktive Bewältigungsstrategien in akuten Situationen sehr gut wirksam. Die Hirnforschung hat gezeigt, dass es zwei verschiedene Möglichkeiten gibt, wie wir unser Alarmsystem im Gehirn beeinflussen können. Einerseits von oben (in der Fachsprache nennt man das top down) und andererseits von unten (bottom up). Top down bedeutet, von höheren Gehirnstrukturen aus wie dem medialen Präfrontalkortex, der sozusagen als rationaler Wachmann das emotionale Gehirn beruhigt. Damit ist gemeint, sich gut zuzureden, sich selbst beruhigen zu können, die Perspektive und die Bewertung auf eine Situation oder ein Gefühl zu verändern und sich in eine Beobachterrolle begeben zu können. Von unten, also bottom up, meint, über Bewegung, Atmung und Berührung einen Einfluss auf die Emotionen zu nehmen.[18] Kurz gesagt können wir Emotionen also entweder über den Kopf oder über den Körper beeinflussen. Die langsame, tiefe Bauchatmung zum Beispiel signalisiert dem emotionalen Gehirn, dass keine Gefahr besteht, alles in Ordnung ist und es gerade keinen Grund gibt, die Alarmreaktion auszulösen. Wir können Gefühle zwar nicht vollständig wegatmen, aber zumindest ihre Intensität durch eine gezielte, tiefe und langsame Atmung beeinflussen. Erst einmal durchatmen – diese alltägliche Redewendung hat also einen tieferen Sinn. Über die Atmung beeinflussen wir unser autonomes oder vegetatives Nervensystem. Dieser Teil des Nervensystems steuert den Herzschlag, die Verdauung und die Atmung und ist unserer Kontrolle weitestgehend entzogen. Die Atmung ist die einzige Funktion im autonomen Nervensystem, die wir aktiv beeinflussen können. Und über die Atmung lässt sich unser Gehirn austricksen. Denn wenn wir tief und lange in den Bauch einatmen, denkt das Gehirn, wir würden gerade nach der Jagd am Lagerfeuer liegen und uns nach einem Festessen entspannen. Keine Gefahr. Kein Alarmknopf. Keine Stresshormone. Keine Kampf-Flucht-Erstarren-Reaktion notwendig. So einfach ist das. Also atmen wir. Insbesondere, wenn die Gefühle hohe Wellen schlagen. Tief ein- und ausatmen. Es ist nur ein Gefühl. Es wird uns nicht fressen.

Neubewertung – Wie wir unsere Gefühle gedanklich bewerten, macht den Unterschied

Unsere Gedanken können schmerzhafte Gefühlswellen auslösen. Und wie wir gesehen haben, spielt die gedankliche Bewertung unserer Gefühle eine große Rolle dabei, ob wir uns zutrauen, eine Welle zu surfen oder nicht. Ein Beispiel: Eine

Freundin hat dich versetzt. Du erreichst sie nicht. Wie wirst du dich fühlen? Kann man so pauschal nicht sagen? Ja, genau, denn welche Gefühlswelle bei dir entsteht, hängt davon ab, wie du die Situation bewertest. Du könntest denken: »Hoffentlich ist ihr nichts passiert.« Oder: »Ich bin ihr einfach nicht wichtig.« Die zweite Bewertung wird Gefühle von Enttäuschung, Traurigkeit und vielleicht sogar Wut auslösen. Das kann dazu führen, dass man sich von der Freundin abwendet. Die erste Bewertung hingegen wird ein neutrales oder sogar ein fürsorgliches Gefühl auslösen. Ein und dieselbe Situation kann also völlig gegensätzliche Gefühle in uns hervorrufen, abhängig davon, was wir denken. Die bewusste Beobachtung unserer Gedankenströme ermöglicht uns, aktiv auf sie einzuwirken und somit Gefühlswellen und -lagen zu steuern. Betrachten wir unsere Gedanken also aus der Vogelperspektive, lernen wir, sie gezielt zu modifizieren, indem wir sie umformulieren und neue Situationsbewertungen finden.

Schauen wir uns das noch mal am Beispiel der Angst an. Das Gefühl der Angst an sich ist nichts Falsches oder Schädliches. Das Gehirn meldet in bestimmten Situationen Alarm und im Körper wird daraufhin eine Angstreaktion ausgelöst. Stresshormone werden ausgeschüttet, der Herzschlag erhöht sich, der Blutdruck steigt, die Hände schwitzen, wir zittern usw. An sich ist das eine gesunde und normale Reaktion auf Bedrohung. Gehirn und Körper machen sich bereit für Kampf oder Flucht. Evolutionsbiologisch sind das gute und wichtige Überlebensmechanismen. Jeder Mensch kennt und spürt Ängste und deren körperliche Begleiterscheinungen, etwa die Angst vor einem Vortrag. Ich wage zu behaupten, dass es nur wenige Menschen gibt, die kein Lampenfieber oder zumindest keine Nervosität vor einem Vortrag verspüren. Ob wir den Vortrag letztlich halten können, hängt aber nicht davon ab, ob wir Angst haben oder nicht, sondern davon, ob wir unsere Gefühle bewusst wahrnehmen, wie wir sie gedanklich einordnen und wie wir unsere Körpersymptome bewerten. Problematisch ist Angst nur dann, wenn wir ihr blindlings folgen und davon überzeugt sind, sie nicht mehr bewältigen zu können, und wenn wir denken, dass sich die Angst immer weiter steigert, bis wir verrückt oder ohnmächtig werden, uns die Spucke wegbleibt, wir uns blamieren oder gar vor Angst tot umfallen. Galoppieren die Gedanken in diese Richtung davon, ist der Weg in die Vermeidung nicht weit und es dauert meist nicht lange, bis der Vortrag abgesagt wird. Wie wir unsere Gefühle und Körperreaktionen gedanklich bewerten und einordnen, spielt also eine wichtige Rolle dabei, wie wir sie letztlich bewältigen. Anstatt die Körperreaktionen und Gefühle der Angst als bedrohlich einzuordnen oder zu bewerten, ist es hilfreicher, sie zu normalisieren. Ein sperriges Wort, »normalisieren«. Es bedeutet, die Angst und die dazugehörigen Körperreaktionen in der eigenen gedanklichen Bewertung als normal und gesund einzustufen. Man könnte also auch hier die Bewertung verändern und stattdessen denken, dass Angst vor einem Vortrag und die damit einhergehende Anspannung normal sind und sogar die Konzentration und den Fokus schärfen. Die Angst ist also von Nutzen. Die Leistung ist trotz Angst abrufbar. Machen wir uns klar, dass Emotionen oft durch Gedanken ausgelöst werden und wir Gedanken verändern können, haben wir einen Hebel zur Beeinflussung unserer Emotionen.

Eine einfache Methode, dies zu trainieren, ist das ABC-Schema nach Ellis.[19]

ÜBUNG Neubewertung mit dem ABC-Schema

Analysiere Situationen, die intensive oder belastende Gefühlswellen in dir hervorrufen, nach dem ABC-Schema. Übe, deine Bewertungen bewusst zu verändern. Beobachte, wie sich das auf dein Gefühl auswirkt.

A steht für die auslösende Situation,
B steht für die Bewertung und
C steht für Consequence, die sich daraus ergebenden Konsequenzen, also die dadurch ausgelösten Gefühle und Handlungen

Hier noch ein weiterer Aspekt der gedanklichen Neubewertung: Angst geht manchmal so weit, dass wir eine regelrechte Angst vor der Angst entwickeln. Manchmal münden diese Ängste in Panikattacken mit starken körperlichen Symptomen wie Atemnot, Schwitzen, Zittern, Schwindel und dem Gefühl, die Kontrolle zu verlieren. Ein Schlüsselpunkt zur Bewältigung von Panikwellen ist die kognitive, also die gedankliche Bewertung. Die Wahrnehmung von Körpersymptomen bei Stress und Angst wie zum Beispiel Herzrasen oder Schwindel führt oft zu einer panikartigen Bewertung: »Oh Gott, was passiert hier? Gleich werde ich ohnmächtig. Ich habe es nicht mehr unter Kontrolle. Ich werde sterben.« Auf solche Gedanken reagiert unser Körper unweigerlich mit der Ausschüttung von Stresshormonen, denn unser Gehirn signalisiert ihm, dass wir in Gefahr sind. Unser Körper versetzt uns in die Lage, zu kämpfen, zu fliehen oder zu erstarren. Dazu brauchen wir Stresshormone wie Adrenalin. Die Ausschüttung von Adrenalin geschieht automatisch, wenn unser Gehirn die Situation als gefährlich bewertet. »Oh Gott« = Stresshormone = Alarmreaktion. Dadurch werden die Körpersymptome automatisch verstärkt. Das Herz schlägt noch schneller, die Atmung wird flacher, wir fangen an zu schwitzen et cetera. Wir nehmen die Körpersymptome wahr und denken: »Oh Gott, mein Herz rast immer schneller, ich werde ohnmächtig« und so weiter. Den Teufelskreis durchbrechen und die Amygdala zur Ruhe bringen kann ich, indem ich die Bewertung verändere. Also meinem Gehirn gut zurede: »Es sind nur Körpersymptome, du wirst nicht umkippen«, »Es besteht keine Gefahr«, »Dein Körper reagiert hier gerade nur auf Stress.« Auch hier ist Wissen über die psychologischen Mechanismen der Schlüssel zu einer erfolgreichen und gesunden Emotionsbewältigung.

Den Handlungsimpuls stoppen

Durch das achtsame Beobachten und Hinterfragen unserer Gefühlswellen und Gedankenströme gewinnen wir ein wertvolles Zeitfenster, in dem wir bewusst entscheiden können, wie wir auf Situationen und Gefühle reagieren wollen. Das Innehalten, das Reflektieren über Emotionen und Bewertungen erlaubt uns, unser Verhalten aktiv zu steuern und einprogrammierte Automatismen zu unterbrechen. Wir können hierüber Gefühl und Handlung voneinander entkoppeln. Das heißt, dass man zum Beispiel lernen kann, nicht jedes Mal direkt loszubrüllen, wenn man wütend ist. Sind wir in diesen Techniken geschult und trainiert, können wir impulsive Handlungen aktiv unterbrechen. Das ist besonders bei heftigen und unangemessenen Emotionen nützlich, etwa, wenn wir merken, dass ein Gefühl gerade nicht zur Situation passt oder zu intensiv für die jeweilige Situation ist. Wahrnehmen – innehalten und prüfen – handeln. Um sich das Innehalten und Reflektieren etwas zu erleichtern, hilft es, sich bewusst ein Stopp-Signal zu setzen und nicht gleich auf jede emotionale Welle kopflos aufzuspringen. Ärgerst du dich zum Beispiel über deine Chefin und kochst vor Wut, kannst du erst mal gedanklich den Pauseknopf drücken und Stopp sagen, damit du sie nicht anschreist und mit deiner Wutwelle einen Tsunami auslöst, der einiges an Schaden anrichten kann.

Lass die Wutwelle erst mal durchrauschen. Dreh dich um, geh in die andere Richtung, atme durch, beobachte deine Wut, nimm sie an und überlege dir in Ruhe, wie du auf sie reagieren willst. Stoppe damit den ersten Handlungsimpuls. Am besten eignet sich diese Methode in Situationen, von denen du weißt, dass du gern mal überreagierst, explodierst oder irrational handelst, weil dein Gefühl dich einfach mitreißt.

ÜBUNG Handlungsimpulse stoppen

Gibt es Situationen, in denen du gern überreagierst oder dich von deinen Gefühlen mitreißen lässt? Setze dir in solchen Momenten aktiv und bewusst ein Stopp-Signal, um mehr Handlungsspielraum zu bekommen. Entkopple Gefühl und Handlung.

Ablenkung

Ist eine Emotion zu intensiv, zu beängstigend, und der Drang, sie mit ungesunden Mitteln zu beseitigen, sehr groß, ist es auch mal erlaubt und hilfreich, sich abzulenken. Ziel ist es dabei, die Aufmerksamkeit gezielt von der Emotion weg zu lenken, um Zeit zu gewinnen und damit die Emotion abzuschwächen. Alle Aktivitäten, die den Geist beschäftigen und durch die wir eine Pause von uns selbst bekommen, sind dazu geeignet. Aktivitäten, die ein hohes Maß an Konzentration erfordern, gelten als meditativ und sind bestens dafür geeignet, sich selbst für einen Moment zu vergessen. Es kann sehr entlastend und wohltuend sein, sich selbst, seine Gedanken und Gefühle für einen Moment loszulassen. Sportliche, handwerkliche oder intellektuell herausfordernde Tätigkeiten aller Art eignen sich dafür. Viele Menschen nutzen die Arbeit als Ablenkung von sich selbst und vor ihren Gefühlen. Ablenkung als Strategie ist aber nur sinnvoll, wenn wir uns den Gefühlen irgendwann aktiv stellen und sie nicht dauerhaft verdrängen. Ablenkung darf also nicht zur Vermeidung verwendet werden, sondern dient als Erholung nach dem Surfen oder als Maßnahme zur Vorbereitung, zum Beispiel, wenn das Gefühl noch zu intensiv ist. Auch Gespräche und Unternehmungen mit anderen Menschen sind eine gute Ablenkung von schmerzhaften Gefühlen. Bei Trauer, Liebeskummer, Traurigkeit, Ängsten oder Ärger hilft es, den Kopf freizubekommen.

ÜBUNG Notfallprogramm Ablenkung

Stelle dir für den emotionalen Notfall ein Ablenkungsprogramm zusammen. Mach dir eine kleine Liste von Ablenkungsstrategien, auf die du in Krisensituationen zugreifen kannst, wenn du noch nicht bereit dazu bist, das Gefühl zu durchleben oder du eine Pause vom Surfen brauchst. Auf dieser Liste sollten Aktivitäten stehen, die dich geistig, körperlich oder handwerklich genug herausfordern, um abgelenkt zu sein. Aktivitäten mit anderen Menschen und Gespräche sind ebenfalls geeignet. Überlege dir, wen du im Notfall kontaktieren kannst.

Hilfe suchen

Eine der wirksamsten und schönsten Arten, Gefühle nachhaltig gesund zu surfen, ist die Unterstützung durch das soziale Netz, also durch Freunde, Familie, aber auch durch professionelle Helfer:innen. Zahlreiche wissenschaftliche Untersuchungen bestätigen, dass soziale Unterstützung ein wirksamer Schutz vor psychischen Erkrankungen ist.[20] Wer mit seinen Gefühlen nicht allein bleibt, hat gute Chancen darauf, sie unbeschadet zu überstehen. Fühlen ist eine menschliche, vor allen Dingen aber auch eine zwischenmenschliche Angelegenheit. Emotionen spielen eine große Rolle dabei, ob und wie wir nahe Beziehungen herstellen und erleben. Denn Emotionen schaffen Nähe. Sich beim Fühlen helfen zu lassen, hat außerdem mehrere Vorteile. Teilen wir uns mit und sprechen wir aus, was uns im Inneren bewegt, schlagen wir gleich mehrere Fliegen mit einer Klappe. Im Gespräch mit einem anderen Menschen gelingen uns die Schritte der Emotionsregulation – bewusst wahrnehmen, benennen, annehmen, prüfen und bewältigen – fast wie von selbst. Um jemandem von einem Gefühl erzählen zu können, muss man es ausdrücken. Man verschafft sich dabei Zeit, kritisch darüber nachzudenken, ob das Gefühl hilfreich ist oder nicht. Im sozialen Austausch lassen sich zudem leichter Lösungen dafür finden, wie man angemessen darauf reagiert. Der schwierige Aspekt der Validierung wird von außen, also von der nahestehenden Person, im besten Fall erst einmal übernommen. Intuitiv finden wir die richtigen Worte bei Liebeskummer, wenn jemand vor Wut kocht oder vor Angst nicht mehr weiß, wo oben und unten ist. Wir beruhigen andere mit unserer Stimme, wir geben Sicherheit durch eine Umarmung und wir trösten durch Worte. Schon als Kinder haben wir (hoffentlich) gelernt, wie man einen Menschen beruhigt, tröstet, ermutigt oder emotional entlastet. Wir haben gelernt, mitzufühlen und Verständnis zu zeigen. Anderen gegenüber fällt es uns meist leichter, Mitgefühl und Fürsorge zu zeigen, als uns selbst gegenüber. Wer getröstet, beruhigt, gehalten und unterstützt wird, wird weniger wahrscheinlich zu einer Flucht-, Kampf- oder Erstarren-Reaktion tendieren, denn in der Geborgenheit der sozialen Unterstützung wird das Gehirn weniger wahrscheinlich eine Alarmreaktion auslösen. Die damit einhergehenden Prozesse im Körper und daraus abgeleitete Handlungsimpulse sind eher gegenläufig.[21] Wir sollten diese Tatsache nutzen und bei starken und schmerzhaften Gefühlswellen daran denken, uns Unterstützung zu holen. Das beste Mittel, um emotionale Schmerzen zu lindern und eine Alarmreaktion zu verhindern, ist eine Medizin namens Gespräch. Fühlen wir uns verstanden, haben wir mehr Ausdauer und Widerstandskraft, um weiterzumachen und den Wellen des Lebens mutig entgegenzutreten. Gemeinsam ist es leichter. Lasst uns also über unsere Gefühle sprechen. Es ist so einfach und doch so schwer. Die Angst, sich zu öffnen, zwingt uns nur allzu oft wieder in die Vermeidung. Hinzu kommt, dass dieses einfache Hilfsmittel manchmal schwer zu beschaffen ist, denn viele Menschen sind einsam. Haben wir kein soziales Netz, können wir uns emotional auch nicht entlasten. Daher ist es wichtig, soziale Beziehungen aufzubauen und zu pflegen. Und dabei helfen uns tatsächlich wieder unsere Gefühle. Denn Gefühle verbinden. Lies dazu auch das Kapitel *Empathie – Gefühle verbinden*.

ÜBUNG Hilfe suchen und über Gefühle sprechen

Mach in der kommenden Woche ein kleines Experiment. Sprich mit einer guten Freundin oder einem Freund über deine Gefühle. Öffne dich und teile dein Innerstes. Such dir für den Anfang jemanden aus, von dem du denkst, dass er oder sie liebevoll und mitfühlend sein wird. Trau dich!

Entgegengesetztes Verhalten

Stell dir vor, du bist zu einer Party eingeladen. Kurz bevor du aufbrichst, machen sich Angst und Nervosität bemerkbar. Du denkst: »Ich kenne dort fast niemanden. Was, wenn ich da nur allein rumstehe, niemand mich mag oder ich mich blamiere?« Soziale Ängste sind weitverbreitet. Das Gefühl kennt wahrscheinlich jeder. Wenn die Angst-Monster-Welle also zu groß wird, dir die Luft abschnürt und dich zwingt, zu Hause zu bleiben, anstatt auf die Party zu gehen, ist das Gefühl nicht hilfreich. Es leitet dich in die Irre. Zwar wird das Bedürfnis nach Sicherheit und Kontrolle erfüllt (»zu Hause kann ich mich nicht blamieren.«), aber das Bedürfnis nach Nähe und Kontakt wird frustriert. Auch hier ist wieder wichtig, zu sagen: Es ist okay, Angst zu haben. Es ist menschlich. Es ist verständlich. (Gefühle annehmen und validieren!) Aber lass dich von deiner Angst nicht lähmen.

Es ist tatsächlich ziemlich unangenehm, auf eine Party zu gehen, auf der man kaum jemanden kennt. Die meisten von uns haben in einer derartigen Situation auch Angst. Aber wir dürfen uns von ihr nicht stoppen lassen, denn sie ist nicht hilfreich und führt uns in die Irre. Nimm deine Angst bei der Hand und geh mit ihr auf die Party! Just do it! Die Angst begleitet dich, das ist in Ordnung. Versuche, die Welle zu surfen. Spring ins Wasser, anstatt am Rand sitzen zu bleiben und zuzusehen, selbst wenn die Angstwelle riesig erscheint. Du wirst sehen, im Laufe der Zeit wird sie abebben. Die Angst zeigt dir den Weg in die Vermeidung. Geh in die andere, in die entgegengesetzte Richtung!

Eine der besten Bewältigungsstrategien, um Angst zu meistern, ist es, ins kalte Wasser zu springen. Das bedeutet, genau das zu tun, wovor wir uns fürchten. Dem Angstmonster ins Auge zu blicken, es an die Hand zu nehmen und in die Wellen zu springen. Wir verhalten uns also entgegengesetzt zu unserem Gefühl. Wenn das Gefühl sagt, es wäre klüger, nicht auf die Party zu gehen, dann sollten wir genau das machen, um die Angst loszuwerden. Ändern wir unser Verhalten, ändern sich meist auch unsere Gefühle. Um noch einmal auf die Party zurückzukommen: Deine Gedanken werden sich wahrscheinlich nicht so schnell ändern, denn das Angstmonster wird dir weiterhin sagen, dass die Gefahr besteht, nicht gemocht zu werden oder sich zu blamieren. Und wenn wir es nicht schaffen, uns gedanklich vom Gegenteil zu überzeugen, die Situation also neu zu bewerten, hilft eigentlich nur der Sprung ins kalte Wasser. Der Trick ist, sich erst mal zu zwingen, die Welle zu surfen. Natürlich funktioniert das nicht immer, aber bestimmt hast du das schon einmal erlebt. Du hattest Angst vor etwas und dein Angstmonster hat dir geraten, die Situation zu vermeiden. Doch du hast dir einen Ruck gegeben und es trotzdem versucht. Und siehe da! Du hast es geschafft, oder? Je öfter wir üben, ins kalte Wasser zu springen, desto einfacher wird es. Es wird vielleicht nie angenehm werden, aber es ist machbar für dich! Und genau darum geht es. Das Gefühl muss nicht weg. Auf eine Party zu gehen, auf der man kaum jemanden kennt, wird immer unangenehm sein. Aber je öfter wir es tun, desto leichter wird es. Wir lernen, mit der Angst umzugehen, anstatt sie zu vermeiden oder vor ihr davonzulaufen. Wir bekommen Übung darin, vielleicht gewöhnen wir uns ein bisschen daran und vor allen Dingen steigt das Selbstvertrauen mit jedem Sprung ins kalte Wasser etwas mehr. Dein Aktionsradius wird sich mit jeder Erfahrung, bei der du Angst überwindest, erweitern.

Marsha Linehan, eine amerikanische Psychologin und Spezialistin im Bereich emotional instabiler Persönlichkeitsstörungen, nennt diese Technik »entgegengesetztes Verhalten«[22]. Sie sagt, es ist der beste Weg, um irrationale Gefühle zu bewältigen. Anstatt also alle sozialen Events zu vermeiden, nimmst du die Angst an der Hand und gehst in die entgegengesetzte Richtung. Raus aus der Vermeidung! Auch wenn wir traurig oder wütend sind, können wir uns entgegengesetzt zum Gefühl verhalten. Bei Wut können wir beispielsweise statt in den Angriff in den Rückzug gehen oder dem vermeintlichen Feind freundlich entgegentreten.

ÜBUNG Entgegengesetztes Verhalten
Mach ein Experiment: Versuche, dich einmal entgegengesetzt zu deinem Gefühl zu verhalten, und schau, was passiert.

Selbstmitgefühl und Selbstfürsorge

Reagieren wir auf unsere Emotionen verständnisvoll, liebevoll und selbstfürsorglich, lässt sich die Wucht jeder Welle schon deutlich abmildern. Dem Thema Selbstfürsorge ist in diesem Buch daher ein eigenes Kapitel gewidmet. Denn wie wir gedanklich und tatsächlich mit beziehungsweise über uns selbst sprechen und mit uns umgehen, spielt eine große Rolle für unser psychisches Wohlbefinden. Körperliche Wunden versorgen und pflegen wir selbstverständlich, ohne zu zögern. Seelische Verletzungen hingegen ignorieren wir oder versuchen, sie zu verdrängen. Manchmal bestrafen wir uns sogar dafür mit unseren eigenen Worten und Gesten. Warum haben wir hier nicht auch eine mitfühlende und fürsorgliche Haltung uns selbst gegenüber? Im zweiten Teil dieses Buches geht es um Selbstmitgefühl und Selbstfürsorge. Bevor wir dieses Thema genauer beleuchten und du weitere Strategien zur selbstfürsorglichen Bewältigung von Emotionen bekommst, wollen wir uns mit den schmerzhaften Gefühlen aus der Vergangenheit und dem Zusammenhang zwischen den psychologischen Grundbedürfnissen und unseren Gefühlen beschäftigen.

4 Die Wunden der Vergangenheit – wie wir alte Gefühle loslassen können

Alte Wunden versorgen

Intensive und schmerzhafte Gefühle wie Traurigkeit, Verlassenheit, Angst oder Wut werden oft ausgelöst durch alte Wunden und Verletzungen, die uns in der Vergangenheit zugefügt worden sind. Im Laufe unseres Lebens sind wir immer wieder emotional belastenden Situationen ausgesetzt, die manchmal so stark und überfordernd sind, dass sie Spuren in der Psyche hinterlassen. Solche Wunden verursachen unter Umständen auch im weiteren Leben noch starke negative Gefühle.

Aber wie entstehen sie? Das kann auf unterschiedliche Weise geschehen. Im schlimmsten Fall werden sie durch psychische und physische Gewalt, körperlichen oder seelischen Missbrauch oder Vernachlässigung verursacht. Sie können aber auch durch die Frustration von Bedürfnissen, etwa aus einem Mangel an Liebe, Nähe, Zugehörigkeit, Sicherheit, Selbstbestimmung oder Anerkennung entstehen, aus dem fehlenden Gefühl, wichtig zu sein, erst genommen zu werden oder etwas wert zu sein. Auch wenn das Äußern und Zeigen von Gefühlen und Bedürfnissen von den Bezugspersonen immer wieder bestraft oder lächerlich gemacht wurde oder wird, kann das in der Kinderseele tiefe Verletzungen hinterlassen. Emotionale Vernachlässigung im Kindesalter oder Mobbing können ebenso Ursachen sein. Wird eine emotionale Wunde nicht gut versorgt, kann es passieren, dass sie nie ganz verheilt. Sie beginnt dann unter Umständen, im Erwachsenenalter so stark zu schmerzen, dass sich daraus psychische Leiden entwickeln. Ein Kind, das zum Beispiel immer wieder das Gefühl vermittelt bekommt, nicht dazuzugehören, wird wahrscheinlich eine solche Verletzung davontragen. Denn immer wieder das Gefühl zu haben, allein zu sein, unerwünscht zu sein und nicht dazuzugehören, tut weh und hinterlässt Spuren. So eine Wunde kann zwar vernarben und ist mit der Zeit vielleicht gar nicht mehr sichtbar, gerät in Vergessenheit. Aber unbewusst kann sie das Leben beeinflussen, Traurigkeit, Verzweiflung oder Verlassenheit auslösen und sogar das Verhalten steuern, ohne dass die betroffene Person sich darüber bewusst ist.

Vielleicht hast du auch die eine oder andere alte Wunde. Das ist normal. Jeder von uns ist in irgendeiner Weise in seiner Biografie schon einmal verletzt worden, hat emotional belastende Situationen erlebt und Wunden und Narben aus der Vergangenheit, mit denen er oder sie sich rumschlagen muss. Zu strenge, überfürsorgliche, emotional vernachlässigende oder abwertende Eltern oder Lehrer, Mobbingerfahrungen, Verlusterfahrungen durch Tod oder Trennung und massive Überforderung sind Kontexte und Atmosphären, durch welche sich solche Wunden einbrennen können. In manchen Fällen ist es »nur« die familiäre Atmosphäre, also die unausgesprochenen Regeln und Stimmungen innerhalb der Familie, die verletzend sein können, zum Beispiel, wenn Gefühle in der Familie keinen Platz haben. Zum Problem werden diese Blessuren aus der Vergangenheit und die von ihnen verursachten Gefühle, wenn wir sie nicht akzeptieren können, an ihnen festhalten und im Kampf gegen sie verbittern. Wenn sie uns in der Vergangenheit gefangen halten und damit Macht über das Hier und Jetzt und sogar über die Zukunft haben, indem sie unser Verhalten in der Gegenwart steuern.

Gefühle auf gesunde Art und Weise zu bewältigen, bedeutet auch, sich mit den schmerzhaften Erfahrungen in der Vergangenheit auseinanderzusetzen, die Wunden gewissermaßen zu spülen. Sie bewusst noch mal zu spüren oder zu erleben, um die Angst vor ihnen zu verlieren und sie loslassen zu können.

Die Gefühlswellen, die diese alten Verletzungen auslösen, können unser Verhalten stark beeinflussen, denn sie sind meist unheimlich groß, anstrengend und beängstigend. Es gibt Tage im Leben, an denen wir den Schmerz alter Verletzungen besonders intensiv wahrnehmen, manchmal, ohne dass wir ihn zuordnen können oder verstehen, warum wir uns gerade so fühlen. Vielleicht haben bestimmte Situationen oder Personen diesen emotionalen Schmerz hervorgerufen, den Finger in eine alte Wunde gelegt, was automatisch und reflexartig alte Schutzreaktionen ausgelöst hat. Gedanken, Gefühle, Erinnerungen und Körperempfindungen von damals werden – zum Teil unbewusst – reaktiviert. Das Überlebensprogramm wird gestartet. Unser Gehirn hat schon in der Vergangenheit, als die Verletzung entstanden ist, eine möglichst effiziente und hilfreiche Überlebensstrategie entwickelt und abgespeichert. Da es energiesparend arbeitet, speichert es die generierten Überlebensprogramme und greift in ähnlichen Situationen darauf zurück. Das heißt, wir unterliegen häufig unbewussten automatischen Prozessen. Wir sind dem aber nicht hilflos ausgeliefert. Über unsere Wahrnehmung und unsere Bewertung können wir Einfluss darauf nehmen. Diese Programme zu unterbrechen und bewusst zu verändern, erfordert viel Energie, ist aber möglich und machbar.

Ein Beispiel: Ein Kind, das über lange Zeit vernachlässigt wurde, hat gelernt, dem Schmerz zu entkommen, indem es sich von anderen Menschen zurückzieht, die Traurigkeit verdrängt und den Kontakt mit anderen Menschen in Zukunft meidet. Lässt die Person sich im Erwachsenenalter dann doch auf eine enge Bindung ein, wird sie bei den kleinsten Anzeichen von Vernachlässigung mit Angst, Enttäuschung und Rückzugsverhalten reagieren. All das ist Teil des Überlebensprogramms, um allein zurechtkommen und den Schmerz der Verlassenheit und die Einsamkeit nicht mehr spüren zu müssen.

Stell dir vor, du wärst als Kind viel allein gewesen. Du musstest mit sechs oder sieben Jahren jeden Tag allein von der Schule nach Hause laufen. Zu Hause angekommen, war da niemand. Du hast dich selbst um dein Mittagessen gekümmert, saßest allein am Küchentisch in der Stille. Es war niemand da, der dir zugehört hat. Keiner, der dich getröstet hat, wenn dich in der Schule jemand geärgert hat oder du von einem Lehrer ungerecht behandelt wurdest. Den ganzen Tag warst du auf dich gestellt. Am Abend, wenn die Eltern erschöpft und gestresst von der Arbeit nach Hause kamen, wolltest du sie nicht noch mehr belasten. Du wolltest brav sein, ihnen keinen Kummer machen. So hast du deine Sorgen und deine Einsamkeit versteckt, warst angepasst, unauffällig. Im tiefsten Inneren aber warst du einsam. Du hättest jemanden gebraucht, der sich zu dir setzt und dich fragt, wie es dir gerade geht und was du erlebt hast. Jemanden, der dich einfach mal in den Arm nimmt. Jemanden, der dich fragt, was du gerade brauchst. Aber das ist nicht passiert. Du musstest deinen Teil beitragen, damit die Familie funktioniert. Vielleicht hat das eine tiefe Wunde in dir hinterlassen. Denn dein Bedürfnis nach Bindung und Nähe wurde dadurch immer frustriert. Diese Verletzung verursachte bildlich gesprochen die schmerzhafteste Welle, die dich je überrollt hat. Du musstest lernen, mit diesen Gefühlen zurechtzukommen. Das Gehirn ist in solchen Ausnahmezuständen in der Lage, ein Schutz- und Überlebensprogramm zu installieren, um den Schmerz abzuschwächen. Es werden Bewältigungsreaktionen ausgebildet, die im Gehirn abgespeichert werden und bei Gefahr jederzeit wieder ausgelöst werden können. Eine Wunde aus der Vergangenheit hat dann Macht oder Einfluss auf die Gegenwart, wenn die Gefühle immer wieder unkontrolliert über die Person hereinbrechen und das alte Muster unbewusst auf andere zwischenmenschliche Beziehungen übertragen wird, zum Beispiel auf den Partner oder die Partnerin. Das führt dazu, dass sich ein Mensch mit solch einer Verletzung auch in einer Partnerschaft einsam fühlen wird, weil er von der alten Wunde immer wieder in den Rückzug gezwungen wird und sich nicht traut, seine Gefühle und Bedürfnisse in der Partnerschaft zu äußern, obwohl es in der Gegenwart vielleicht überhaupt nicht mehr nötig ist, immer nur zu funktionieren und sich anzupassen oder unterzuordnen. Die alte Wunde bestimmt also das Verhalten in der Gegenwart. Auf Dauer wird diese Überlebensstrategie in Beziehungen zu Frustration und Konflikten führen.

Szenarien wie das oben beschriebene sind nicht selten und bei vielen Menschen in der Biografie zu finden. Aus den immer wieder frustrierten Bedürfnissen nach Bindung und Aufmerksamkeit können sich dann ungünstige Bewältigungsmuster entwickeln. Sich in sich zurückzuziehen, funktionieren, niemandem zur Last fallen wollen, sich anpassen, sich in Fantasiewelten flüchten, sich betäuben, sich selbst verletzen, hungern und so weiter. Wie der Mensch in so einer anhaltend belastenden Situation reagiert, ist individuell unterschiedlich und hängt von vielen verschiedenen Faktoren ab, zum Beispiel davon, welche Ressourcen jemand hat und ob es andere liebevolle Bezugspersonen gibt, die den Mangel ausgleichen. Auch, wie viel Widerstandskraft jemand in sich trägt, bestimmt über die gewählte Überlebens- und Bewältigungsstrategie.

Leider nutzen wir oft Bewältigungs- oder Überlebensstrategien, die wir bereits als Kinder gelernt und angewandt haben, um uns zu schützen vor Schmerz, Traurigkeit, Scham oder Angst. Wir reagieren also im Hier und Jetzt genauso wie damals. Wir gehen in den Überlebensmodus. Ähnlich wie Tiere nutzen wir dabei meist die drei genannten Überlebensstrategien Kämpfen, Fliehen oder Erstarren. Der Überlebensmodus ist ein Ausnahmezustand der Seele zur Regulation von überfordernden Gefühlen.

Kennst du das? Bestimmte Situationen lösen bei dir immer dieselben Gefühle und Reaktionen aus? Kämpfen, Fliehen oder Einfrieren? Gibt es bestimmte Situationen, die immer wieder deinen wunden Punkt treffen und in denen du immer auf die gleiche Art reagierst? Das kann ein Hinweis auf eine alte Wunde sein. Hätten wir den Überlebensmodus in der Kindheit nicht gehabt, wären wir den belastenden Gefühlen schutzlos ausgeliefert gewesen. Kinder haben erst mal keine anderen Möglichkeiten. Sie kämpfen, fliehen oder erstarren. Das Kind aus unserem Beispiel ist erstarrt und geflüchtet. Es hat noch nicht gelernt, seine Gefühle und Bedürfnisse zu reflektieren, zu äußern und Bedürfnisse einzufordern.

Als Erwachsene aber können wir lernen, flexibler, bewusster und gesünder auf derartige Situationen zu reagieren. Wir können uns verteidigen und beschützen, ohne das Gegenüber niederzubrennen, uns selbst völlig resigniert aufzugeben oder in der Konsequenz andere Menschen zu vermeiden. Erwachsene können sich ganz anders selbst schützen, als Kinder dies vermögen. Dazu müssen wir Zeit schaffen zwischen dem auslösenden Reiz, also dem Finger in der Wunde, und unserer Reaktion darauf. Zeit, um innezuhalten und alte Verhaltensmuster zu durchbrechen.

Hier noch ein weiteres Beispiel, wie sich eine Verletzung aus der Vergangenheit auf die Gegenwart auswirken kann: Stell vor, du hast dich mit einem Freund oder einer Freundin zu einem Telefonat verabredet. Deine Freundin meldet sich nicht. Du hast schon dreimal versucht, sie anzurufen. So langsam wirst du wütend. Wenn du nun eine alte Wunde hast, die aus emotionaler Vernachlässigung entstanden ist, und deshalb oft denkst, »ich bin nicht wichtig«, dann wird diese Situation vielleicht wie der Finger in der alten Wunde sein. Sie löst dann nicht nur Wut im Hier und Jetzt aus, sie reaktiviert auch alte Gefühle, die du als Kind oft gespürt hast, wenn deine Eltern sich nicht für dich interessierten oder dir das Gefühl gaben, unwichtig zu sein. Sogar körperlich kann man diesen alten Schmerz oft spüren. Enttäuschung, Trauer, Hilflosigkeit, Verzweiflung. Es mischen sich also alte Gefühle ins aktuelle Erleben. Es ist verständlich und menschlich, dass du erst mal wütend bist, wenn du versetzt wirst. Das ist ein aktuelles Gefühl, das der Situation angemessen ist. (Wir erinnern uns: Gefühl wahrnehmen, benennen, annehmen und auf Angemessenheit prüfen.) Wenn du keine Verlassenheitswunde hast, wirst du vielleicht auch gar nicht wütend. Vielleicht machst du dir dann erst einmal Sorgen um deine Freundin. Wenn du nun aber eine Wunde der Verlassenheit hast, kann es sein, dass die Vergangenheit dich einholt. Dein altes Überlebensprogramm aus der Kindheit wird aktiviert, was nicht unbedingt zur Erfüllung deines in diesem Moment frustrierten Bedürfnisses nach Zugehörigkeit und Wichtigkeit beitragen wird. Du wirst dich möglicherweise traurig und wütend zurückziehen, weil sich der Gedanke einschleicht: »Siehst du, mal wieder eine Bestätigung! Du bist niemandem wichtig. Du gehörst einfach nicht dazu.« Im schlimmsten Falle wirst du dir einreden: »Ich bist nichts wert.« Was wird die Konsequenz dieser Gedanken sein? Es wird dich traurig machen. Du wirst dich einsam und verlassen fühlen, genau wie früher. Dann ziehst du dich von deiner Freundin zurück und beschließt, dass du sie nicht brauchst. Dass du niemanden brauchst. Deine alte Bewältigungsreaktion greift: Flucht. Rückzug. Menschen vermeiden. Weitere Verletzungen und negative Gefühle vermeiden, um jeden Preis. Eine Stunde später versucht sie, dich anzurufen, aber du hast jetzt endgültig die Schnauze voll, immer wieder das Gefühl zu haben, nicht wichtig zu sein und von den Menschen im Stich gelassen zu werden. Die Wut wird nun begleitet von Trauer und Verzweiflung. Das alte Gefühl überrollt dich. Es hat immer noch Macht über dich. Du ziehst dich zurück und kannst nicht mehr flexibel auf die Situation reagieren. Die Vergangenheit hat bestimmt, wie du nun fühlst, denkst und handelst. Du hast es nicht geschafft, die Wutwelle zu surfen, stattdessen warst du wie gelähmt durch den Schmerz der alten Wunde. Du wirst dich also von deiner Freundin zurückziehen, weiterhin wütend sein und den Kontakt mit ihr in Zukunft meiden. Dieser Rückzug bestätigt dann fatalerweise dein Gefühl von Einsamkeit und die Überzeugung, andere nichts zu bedeuten. Traurigkeit und Verzweiflung haben freie Fahrt. Wenn du deine alte Wunde aber kennst, kannst du dir in so einem Moment bewusst machen, dass sich hier alte und neue Gefühle mischen. Gib dir Zeit, darüber nachzudenken, bevor du reagierst. Du kannst dir klarmachen, dass die alten Verletzungen nichts mit der Gegenwart zu tun haben, und wirst dann in der Lage sein, alternative Gedanken zu finden, zum Beispiel: »Es ist ihr etwas dazwischengekommen, aber das heißt nicht, dass ich ihr nicht wichtig bin.« Weißt du um deine alten Wunden und bemerkst, welche Situationen die automatischen Überlebensprogramme auslösen, dann kannst du nach und nach die Kontrolle darüber gewinnen und die Steuerung übernehmen, um flexibler und bewusster entscheiden zu können, wie du in so einer Situation reagieren willst. Willst du wirklich den Kontakt mit deiner Freundin abbrechen oder könnte es sich lohnen, zu erfahren, warum sie dich versetzt hat? Dieser alternative Prozess wird nur möglich, wenn wir unsere alten Wunden erkennen, akzeptieren und eine Lücke zwischen Reiz und Reaktion erschaffen. Nur dann sind alternative Gedanken, Verhaltensweisen und korrigierende Erfahrungen möglich. In unserem Beispiel wäre ein alternativer Gedanke: »Du bist anderen wichtig, auch wenn du mal versetzt wirst.«

Wie können wir es nun schaffen, diese übermächtigen Wellen der Vergangenheit zu meistern? Und was wären alternative Verhaltensweisen? Sich von der Vergangenheit freizuschwimmen ist sicher eine der schwierigsten Herausforderungen im Leben. Dazu brauchen wir Mut und Geduld und viel Übung. Es fängt damit an, nicht mehr gegen den Strom zu schwimmen, nicht mehr dagegen anzukämpfen, sondern die Vergangenheit anzunehmen. Sie zu akzeptieren. Akzeptieren heißt nicht, gut finden zu müssen, was passiert ist. Akzeptieren heißt, es so anzunehmen, wie es ist, und die damit verbundenen Gefühle wie Trauer, Wut und Scham zuzulassen, bevor wir sie loslassen können. Die Wunde darf und wird auch in Zukunft noch schmerzen. Wenn es uns jedoch gelingt, die Vergangenheit zu entmachten, bestimmt sie nicht mehr über deine Gegenwart oder deine Zukunft.

In vielen Fällen, aber sicher nicht in allen, sind diese Wunden durch unsere Eltern verursacht. Egal, wie man es als Elternteil macht, man macht immer etwas falsch. Es kann sein, dass unsere Eltern sich dessen oft nicht bewusst waren und sind. Sie sind in ihren eigenen Mustern der Vergangenheit gefangen und tragen diese weiter. In vielen Fällen passiert dies unbewusst und nicht aus böswilliger Absicht. Das ist sicher keine Entschuldigung, vor allem nicht im Falle psychischer und physischer Gewalt. Ich spreche hauptsächlich von emotionaler Vernachlässigung, dem Bestrafen oder Lächerlichmachen von Gefühlen, fehlender Anerkennung und Zuwendung oder der Behinderung der eigenen Autonomie. Auch hier ist das Ziel, die Gefühle zuzulassen, um dann einen anderen Umgang mit ihnen finden. Wir können uns aktiv dafür entscheiden, der Vergangenheit nicht ausgeliefert zu sein.

Was wir von unseren Eltern nicht bekommen haben, sei es Liebe, Anerkennung, oder Verständnis, werden wir vermutlich auch in Zukunft nicht mehr kriegen, sofern wir selbst nicht etwas ändern und mit den Eltern offen ins Gespräch gehen. Das ist eine bittere, aber wichtige Erkenntnis. Vielleicht lohnt es sich, einen Versuch zu wagen. Dazu ist es notwendig, die Vergangenheit zu akzeptieren und eine neue Haltung zu den Eltern zu finden. Eine Beziehung auf Augenhöhe zu gestalten, erfordert viel Mut.

Allein die Begegnung mit den Eltern kann schon ein Auslöser für die alten emotionalen Schmerzen sein. In so einem Fall kippen wir oft automatisch wieder in die Kinderrolle. Ein typisches Sonntagnachmittags-Szenario: Wir besuchen die Eltern. Die innere Anspannung ist kaum zu ertragen. Wir stehen ihnen in so einem Moment tatsächlich oft als verletzte Kinder gegenüber, mit der Hoffnung auf Liebe und Anerkennung. Wir sitzen da, kratzen an ihren Hosenbeinen, hoffen, Zuwendung zu bekommen, und werden doch wieder enttäuscht. Weil keiner fragt, wie es einem geht. Wenn wir aber lernen, diese Bedürfnisse unabhängig von den Eltern zu erfüllen, sei es durch uns selbst oder durch andere wertschätzende Beziehungen (am besten auf mehrere Schultern verteilt), dann können wir uns aus dieser verletzten Kinderrolle lösen. Wir können den Eltern dann in einer gestärkten Position auf Augenhöhe begegnen, damit aus der Hierarchie der Eltern-Kind-Beziehung heraustreten und eine Beziehung unter gleichwertigen Partnern schaffen.

Zunächst ist es aber noch wichtiger, all diese Dinge nicht nur bei anderen Menschen zu suchen, sondern in der respekt- und liebevollen Beziehung zu sich selbst. Die alten Beziehungen neu zu gestalten wird nur möglich sein, wenn wir eine gute Beziehung zu uns selbst aufbauen. Dies kann dir gelingen, wenn du beginnst, dich selbst besser wahrzunehmen und deine Bedürfnisse zu erfüllen. Und wenn du die Beziehungen zu anderen nach deinen eigenen Regeln selbstbestimmt gestaltest. Schaffe eine Beziehung auf Augenhöhe, zunächst mit dir selbst und dann mit deinem Gegenüber. Versuche, deinen Eltern als Erwachsene oder Erwachsener gegenüberzutreten. Komm raus aus der Position des verletzten Kindes. Das ist es eine Lebensaufgabe, wir müssen es immer und immer wieder üben. Es gibt aber ein paar Tricks, wie es besser gelingen kann.

Ein erster Schritt dazu ist, zu akzeptieren, dass es diese alten Wunden gibt und sie ein Leben lang schmerzen werden. Zu akzeptieren, dass wir das wahrscheinlich nicht mehr von unseren Eltern bekommen werden, was wir in unserer Kindheit und auch heute noch so schmerzlich missen und von ihnen erhoffen. Es spricht nichts dagegen, es noch einmal zu versuchen, aber auf andere Weise als bisher. Dazu musst du allen Mut zusammenfassen und mit deinen Eltern offen und ehrlich auf kooperative Weise ins Gespräch kommen und deine Wünsche äußern, ohne dabei zu sehr als verletztes oder wütendes Kind zu agieren. Formuliere auf einer erwachsenen Ebene, was du dir von ihnen wünschst und was du brauchst. Das gilt im Übrigen nicht nur für unsere Eltern, sondern für all unsere sozialen Beziehungen. Wir müssen aus der emotionalen Abhängigkeit raus, uns lösen und unsere Bedürfnisse nach Anerkennung, Liebe, Zuwendung und Wertschätzung zuerst in uns selbst und dann in anderen zwischenmenschlichen Beziehungen suchen. Und vor allem müssen wir uns uns selbst liebevoll zuwenden und diese frustrierten unerfüllten Bedürfnisse wahrnehmen und befriedigen. Ohne sich selbst zu lieben, anzuerkennen und wertzuschätzen, werden wir die Ablösung von den Eltern nur schwer schaffen. Die emotionale Abhängigkeit eines verletzten Kindes, das darauf wartet, endlich zu bekommen, was es braucht, macht uns bitter, unfrei, unflexibel und auf Dauer sehr unglücklich. Deswegen müssen wir lernen, das, was uns von den Eltern verwehrt wurde und wird, uns selbst zukommen zu lassen. Es kann ein sehr heilsamer Prozess sein, die Eltern loszulassen. Das heißt nicht, sich von ihnen abzuwenden, sondern sie aus ihrer elterlichen Pflicht zu entlassen und ihnen gegenüber eine neue Rolle einzunehmen, beispielsweise eine freundschaftliche Beziehung auf Augenhöhe.

Das alles gilt nicht für Täter. Im Falle von seelischem oder körperlichem Missbrauch sollte kein Kontakt mehr zu dem Täter bestehen. Es ist wichtig, sich aus toxischen Beziehungen zu lösen. Hier kann es ein erster Schritt der respektvollen Selbstzuwendung sein, den Kontakt zum Täter abzubrechen. Eine Psychotherapie ist dabei eine sinnvolle Begleitung. Wenn es aber vor allem um frustrierte Grundbedürfnisse in der Kindheit geht, gibt es verschiedene Strategien, die du auch ausprobieren kannst, um diese alten Gefühlswellen unbeschadet zu surfen. Im Zweifelsfall kannst du dir auch hierzu eine professionelle Begleitung und Unterstützung suchen. In sechs Schritten schaffst du es, deine alten Wunden besser zu versorgen, um dich langsam von ihnen zu lösen:

ÜBUNG 6 Schritte zum Versorgen alter Wunden

Bewusstmachen der alten Wunden.
Gefühlswellen surfen: Trauer und Wut zulassen.
Akzeptanz: Annehmen, um loszulassen.
Liebevolle Selbstzuwendung.
Die Perspektive auf die Vergangenheit ändern.
Beziehungen neu gestalten.

Schritt 1: Identifiziere die alten Wunden und mach dir alte Verletzungen und deren Auswirkungen auf die Gegenwart bewusst. Das ist mit Abstand der wichtigste Schritt. Denn nur, wenn man die alten Fallen und Verhaltensmuster kennt, kann man sie aktiv verändern. Sei dir also über deine wunden Punkte im Klaren. An welchen Stellen wirst du immer wieder tief getroffen?

Wo wurdest du verletzt? Meist erfolgt eine heftige emotionale Reaktion auf bestimmte Situationen und Auslöser. Es fühlt sich oft so an, als hätte man keine Kontrolle mehr über sein Fühlen, Denken und Handeln. Wer hat die Wunde verursacht? Durch das Bewusstwerden schaffen wir Raum zwischen dem Reiz, also dem Auslöser eines Gefühls, und der Reaktion darauf.

Schritt 2: Wenn du die Verletzungen aus der Vergangenheit anschaust, wirst du etwas fühlen, die alte Trauer, die alte Wut, die alte Einsamkeit. Lass diese Gefühle eine Weile zu, stelle dich ihnen, anstatt sie zu verdrängen, zu vermeiden oder zu betäuben. Das verlangt dir viel Mut und Kraft ab. Mach dir klar: Deine Gefühle sind nachvollziehbar, menschlich, verständlich und erlaubt.

Schritt 3: Versuche, die Wunde zu akzeptieren. Es ist, wie es ist. Man kann es nicht mehr rückgängig machen. Erlaube dir auch, traurig darüber zu sein. Erlaube dir, zu weinen, wütend zu sein. Etwas betrauern zu können, heißt, Dinge zu verarbeiten. Sie zu verdauen, um sie letztlich loslassen zu können. Du musst, wie gesagt, nicht gut finden, was passiert ist. Es geht nur darum, anzunehmen, dass die Wunde Teil deines Lebens ist. Die ersten beiden Schritte können schon sehr schwer sein und es kann lange dauern, bis es dir einigermaßen gelingt, zu erkennen und zu akzeptieren, was war. Oft ist es sinnvoll, sich professionelle Hilfe zu holen und sich in diesem Prozess begleiten zu lassen. Man muss große Wellen nicht alleine surfen!

Schritt 4: Frage dich, was du damals gebraucht hättest. Was du dir gewünscht hättest. Mach dir Gedanken darüber, welche Bedürfnisse damals frustriert wurden und was du jetzt heute brauchst. Versuche, dich dir selbst zuzuwenden und diese Bedürfnisse zu erfüllen. Wenn dir das noch schwerfällt, lies ein bisschen weiter. Es folgt ein kleiner Crashkurs in Selbstmitgefühl und Selbstfürsorge.

Schritt 5: Ändere deine Perspektive, deine Sichtweise auf die Menschen, die diese Wunden verursacht haben, aber auch deine Sichtweise auf dich und dein damaliges Verhalten. Sei deinem früheren Ich nicht böse. Verurteile es nicht. Du hättest damals nicht anders handeln können. Du hattest keine anderen Bewältigungsstrategien. Das war dein Überlebensmodus. Heute kannst du anders reagieren. Du kannst dich schützen.

Welche Probleme hatte die Person, die dir weh getan hat, damals gehabt? Welche alten Wunden hatte sie? Auf welche Weise haben deine Eltern oder andere Personen, die dich verletzt haben, möglicherweise versucht, dir Liebe, Anerkennung und Wertschätzung zu geben, ohne dass sie es in Worten oder Taten deutlich ausdrücken konnten? Das alles sind Fragen, die die Perspektive auf die Vergangenheit ändern können. Einen Versuch ist es wert. Die Perspektive auf die Person zu verändern, die einen verletzt hat, geht selbstverständlich nur, wenn es sich um die Verletzung von Grundbedürfnissen handelt, aber nicht bei seelischer oder psychischer Gewalt. In diesem Fall ist es umso wichtiger, eine verzeihliche, wohlwollende und schützende Haltung sich selbst gegenüber einzunehmen. Für Täter muss es keine Empathie geben.

Schritt 6: Gestalte alte Beziehungen neu nach deinen eigenen Regeln und Vorstellungen. Wenn deine alten Wunden von Menschen verursacht wurden, die immer noch Teil deines Lebens sind, wie zum Beispiel die Eltern, dann könnte ein kleines Experiment von Interesse sein. Das nächste Mal, wenn ihr euch begegnet, achte darauf, ob du ihnen als verletztes Kind begegnest oder du es möglicherweise schaffst, ihnen in einer anderen Haltung entgegenzutreten, nämlich als Erwachsener, der sich um sein verletztes inneres Kind nun selbst kümmert und die Eltern aus dieser Verantwortung entlässt. Als Erwachsener wartest du nicht mehr darauf, dass deine Eltern sich ändern, und kannst deine Bedürfnisse selbst erfüllen und sie in anderen zwischenmenschlichen Beziehungen suchen und finden. Manchmal ist der Gedanke tröstlich, dass die Eltern nicht die nötigen emotionalen oder sozialen Kompetenzen haben, um dir zu geben, was du brauchst oder gebraucht hättest. Es wird sich anders anfühlen, wenn du deine Perspektive änderst und die Beziehung neu gestaltest. Die Wunde wird wahrscheinlich ein Leben lang schmerzen, aber sie wird weniger Macht über dich im Hier und Jetzt haben.

ÜBUNG Alte Wunden heilen

Nimm dir Zeit für dich. Mach es dir bequem und schließ einen Moment die Augen. Atme tief ein und aus. Komme bei dir an. Versuche, dein verletztes inneres Kind zu spüren. Reise gedanklich zurück in die Vergangenheit. Was siehst du dort? Wann und wo wurdest du verletzt? Wie fühlt es sich an? Wie alt bist du dort? Versuche, Kontakt zu deinem verletzten Kind aufzunehmen. Wende dich ihm oder ihr zu und frag es, was los ist. »Erzähl mal! Warum bist du traurig? Warum bist du wütend?« Stelle dir vor, wie du dich als Erwachsener um dieses Kind kümmerst, ihm zuhörst, es in den Arm nimmst, es beruhigst, ihm Mut zusprichst und es verteidigst. Bleib eine Weile bei deinem früheren Ich. Nimm dieses heilsame Bild mit in die Gegenwart. Speichere es im Gedächtnis. Konzentriere dich nun langsam wieder auf deine Atmung. Atme tief ein und aus. Komm langsam wieder im Hier und Jetzt an.

Was es mit dem inneren Kind auf sich hat

Es gibt mittlerweile viele Selbsthilfebücher, Podcasts oder Coaching-Angebote, die von der »Heilung des inneren Kindes« sprechen. Der Ausdruck »das innere Kind« klingt vielleicht etwas pathetisch oder esoterisch, deswegen möchte ich im Folgenden nochmals erklären, was in unserem Gehirn und unserem Körper passiert, wenn wir in unserer Vorstellung in die Vergangenheit zurückkehren und dort das sogenannte innere Kind versorgen oder »heilen«. Das innere Kind ist eine Metapher für unsere Emotionen, die wiederum eine neurobiologische Basis haben. Das innere Kind zu versorgen, ist ein Umprogrammieren von alten emotionalen Netzwerken im Gehirn durch Exposition und Habituation, das heißt, durch Konfrontation mit und Gewöhnung an angst- oder stressauslösende Situationen und Gefühle. Das Ziel dabei ist, die Alarmreaktion der Amygdala abzuschwächen. Das geschieht, indem wir uns den schmerzhaften Erinnerungen aussetzen und dabei lernen, den Gefühlen der Vergangenheit ins Auge zu schauen, sie auszuhalten und anders mit ihnen umzugehen als früher. Wir trainieren damit, unsere Emotionen zu beruhigen, indem wir mit der Vergangenheit eine »neue« Erfahrung machen. Die Aktivierung einer alten Wunde führt zu bestimmten Prozessen im Gehirn, als deren Folge vereinfacht dargestellt Stresshormone ausgeschüttet werden. Unsere Amygdala, das emotionale Zentrum des Gehirns, fängt an, Alarm zu schlagen, wenn die Wunde aufgerissen wird. Sie signalisiert uns, dass wir in Gefahr sind. Die Stresshormone, die infolgedessen ausgeschüttet werden, versetzen uns in die Lage, zu kämpfen oder zu fliehen. Das innere verletzte, traurige oder wütende Kind wird also beschützt durch unsere alten Überlebens- und Bewältigungsstrategien wie Kampf, Flucht oder Erstarren. Indem wir das innere Kind versorgen und beruhigen, können wir die Amygdala wieder zur

Ruhe bringen und einen Zustand herstellen, in dem unser Gehirn keine Gefahrenmeldung mehr senden muss. Wir erfahren dann, dass wir die schmerzhaften Gefühle zulassen können, ohne in die alten Bewältigungsreaktionen zu gehen.[23] Wir erleben in der Vorstellung und Konfrontation mit der Vergangenheit, dass wir den alten Gefühlen nicht hilflos ausgeliefert sind. Man nennt das emotionale Exposition. Wir lernen dabei, uns beizustehen, uns zu beruhigen, zu trösten und zu ermutigen. Wir tun das, was die Erwachsenen in der Vergangenheit versäumt haben: Wir erkennen unsere Gefühle an und fragen nach unseren Bedürfnissen. Mit etwas Übung wird es uns gelingen, nicht mehr in die alten Bewältigungsreaktionen zurückzufallen, sondern stattdessen bewusst und flexibel auf emotionale Erinnerungen reagieren zu können. Eine positive Selbstzuwendung und Selbstinstruktion, also auch das tatsächliche Sprechen mit sich selbst und dem sogenannten inneren Kind, schafft neue Verbindungen im Gehirn. Durch die neue Erfahrung mit dem alten Gefühl können die bisherigen Verhaltensmuster durchbrochen werden. Die Aktivität der Amygdala kann runterfahren, der frontale Kortex, unser rational denkendes Gehirn, schaltet sich ein und tritt auf das emotionale Bremspedal. Wir trainieren unser Gehirn darin, zu unterscheiden, dass wir im Hier und Jetzt und nicht in der Vergangenheit sind und nun andere Möglichkeiten haben, uns zu schützen. Es geht im Prinzip darum, neues Verhalten zu erlernen. Train your brain! Mach dir bewusst, dass das Umprogrammieren des Gehirns und die Versorgung alter Wunden ein langsamer Prozess ist, der Zeit und Geduld braucht und nicht unmittelbar zu angenehmeren Gefühlswellen führt, sondern im Gegenteil auch erst einmal heftige Stürme auslösen kann. Ich möchte dich nochmals ermutigen, dir dabei Hilfe in der Psychotherapie zu suchen, wenn du das Gefühl hast, die alten Wellen könnten dich überrollen. Du bist damit nicht allein.

5 Gefühle und Bedürfnisse – auf Entdeckungsreise zu sich selbst

Persönliche Bedürfnisse ausfindig machen

Den ersten Schritt zu einer gesunden Bewältigung von Gefühlen haben wir gemacht: Gefühle aus dem Hier und Jetzt, aber auch Gefühle aus der Vergangenheit bewusst wahrnehmen und sie benennen. Gefühle surfen zu lernen, bringt uns immer wieder auf unbekanntes Terrain. Da Menschen Gewohnheitstiere sind, ist es nicht leicht, sich auf einen neuen Weg zu machen. Das Unbekannte macht uns Angst und wir empfinden es als anstrengend. Lass uns trotzdem noch einen Schritt weiter gehen.

Negative und schmerzhafte Gefühle sind nicht nur wie Wellen, die kommen und gehen, sie benehmen sich auch manchmal wie ungebetene Gäste. Sie kommen rein, setzen sich neben uns auf die Couch, wollen in unseren Betten schlafen und begleiten uns in die Arbeit. Sie gehen uns auf die Nerven, liegen einem ständig in den Ohren, halten uns nachts wach, brauchen viel Aufmerksamkeit und vor allem machen sie viel Druck. Sie bringen Unruhe ins Leben und rauben einem die letzte Energie. Dennoch sind sie ein wichtiger Teil unseres Lebens. Denn Fühlen ist eine Kontrasterfahrung. Aber was wollen uns diese unangenehmen Gefühlswellen und ungebetenen Gäste eigentlich mitteilen?

Wir haben auf unserer kleinen Reise inzwischen gelernt, wie wichtig es ist, die Wellen anzunehmen, zu akzeptieren, sie zu verstehen und ihnen einen Namen zu geben. Setze dich tatsächlich mal mit deinen Gefühlen auf die Couch und frage sie, warum sie da sind. Je mehr du dich dagegen wehrst, desto hartnäckiger werden sie bleiben. In dem Moment, in dem du aber anfängst, sie anzunehmen und versuchst, ihre Anwesenheit zu verstehen, werden sie schon leichter zu ertragen sein und du kannst dich darauf konzentrieren, sie auf gesunde Weise zu bewältigen. Und irgendwann werden sie wieder gehen.

Gefühle spielen eine wichtige Rolle für unser Sozialleben (dazu später mehr) und geben uns Auskunft darüber, was wir gerade brauchen. Sie sind der Kompass zu unseren Bedürfnissen. Die Bedürfniserfüllung puffert negative Wellen ab und ruft positive Gefühle hervor. In Kapitel 2 haben wir schon über die Funktion von Gefühlen gesprochen. Es lohnt sich, diesen Aspekt noch einmal genauer zu beleuchten. In der Lage zu sein, seine Bedürfnisse zu erfüllen, macht nicht nur Spaß und gute Gefühle, sondern auch unabhängig, frei und auf Dauer sogar lebendiger.

Nur wenn wir verstanden haben, dass wir zuerst einmal für uns selbst sorgen müssen – und das auch können –, sind wir in der Lage, soziale Beziehungen zu gestalten und zu genießen, ohne von ihnen abhängig zu werden. Eben weil sie dann nicht immer der Erfüllung unserer Bedürfnisse dienen müssen. Es ist befreiend, in sich selbst Halt zu finden. Dieses Finden aber ist ein Prozess, keine Frage! Es ist oft eine lange Reise. In sich selbst Halt zu finden, kann eine Lebensaufgabe sein, an deren Beginn der Entschluss steht, sich selbst bewusst wahrzunehmen, sich eine Chance zu geben und vor allem Verantwortung für sich selbst zu übernehmen. Sich selbst vertrauen zu lernen. Das Zutrauen in sich zu finden, dass man bewältigen kann, was auch immer einem das Leben vor die Füße wirft, kann ein Befreiungsschlag sein. Genau das können wir lernen und trainieren, damit wir selbst zu den besten Bedürfniserfüllern werden und unsere Gefühle und Wünsche nicht von anderen Menschen reguliert oder erfüllt werden müssen. Natürlich brauchen wir andere Menschen und es fühlt sich wunderbar an, auch von anderen gebraucht zu werden. Das steht außer Frage. Es geht nur darum, in zwischenmenschlichen Beziehungen nicht in Abhängigkeiten zu geraten. Dem lässt sich entgegenwirken, indem man eine gesunde Beziehung zu sich selbst aufbaut. Und das gelingt über die Wahrnehmung, Erfüllung und Durchsetzung eigener Bedürfnisse.

Doch was sind eigentlich Bedürfnisse? Nach Klaus Grawe, einem deutschen Professor für Psychologie und Pionier der Psychotherapieforschung, haben Menschen neben physiologischen Grundbedürfnissen wie Hunger, Durst, Schlaf und Sexualität vier psychische Grundbedürfnisse[24]:

- Bindung,
- Autonomie oder Kontrolle,
- Selbstwertschutz oder Selbstwerterhöhung und
- Lustgewinn beziehungsweise Unlustvermeidung.

Bindung meint Nähe und den vertrauensvollen Kontakt zu anderen Menschen in Beziehungen, Freundschaften und der Familie. Mit Autonomie und Kontrolle ist gemeint, wie viel Handlungsspielraum man in seinem Leben hat. Kannst du selbstbestimmt durchs Leben gehen? Hast du Handlungsalternativen? Selbstwertschutz und Selbstwerterhöhung beziehen sich auf das Gefühl, wie sehr man sich selbst wertschätzt, sich aber auch von anderen anerkannt fühlt. Mit Lust und Unlustvermeidung ist gemeint, dass wir im Leben nach angenehmen und freudvollen Erfahrungen streben und Unangenehmes möglichst vermeiden wollen.

Sind Bedürfnisse nicht erfüllt, treten oft unangenehme Gefühle auf. Es entsteht dadurch eine psychische Spannung. Abhängig von unserer emotionalen Intelligenz wird es uns gelingen, diesen Gefühlen frustrierte Bedürfnisse zuzuordnen, also die Quelle der Gefühlswellen zu ergründen. Es geht darum, eine Erklärung für unsere aktuellen Gefühlszustände zu finden. Selbstverständlich gibt es die nicht immer. Manchmal spielt der Gehirnstoffwechsel verrückt, Müdigkeit, Hunger oder Durst oder unsere Hormone sind die Übeltäter und Verursacher von Gefühlschaos und seelischer Unruhe. Bedürfnisse wie Hunger, Durst und Müdigkeit nehmen wir durch bestimmte Körpersignale wahr. Auch hier hat jedes Gefühl eine körperliche Verankerung. Magenknurren oder Gähnen zum Beispiel sind Zeichen unseres Körpers, die auf unerfüllte Bedürfnisse hinweisen. Mit den psychischen Grundbedürfnissen ist es ähnlich. Bestimmte Gefühle und Körperempfindungen zeigen an, was fehlt.

Spürt man also unangenehme oder negative Gefühle, lohnt es, sich zu fragen, welches Grundbedürfnis gerade nicht erfüllt ist. Fühlst du dich einsam und traurig, weil du die Nähe zu einem anderen Menschen vermisst, also dein Bindungsbedürfnis frustriert ist? Bist du wütend oder gereizt, weil jemand deine Grenzen überschritten und damit deine Autonomie verletzt hat? Das sind alles Beispiele für menschliche Grundbedürfnisse. Wir alle haben sie und streben nach deren Erfüllung.

Hast du schon mal Liebeskummer gehabt? Hast du schon einmal den Schmerz gespürt, wenn der Mensch, den du liebst, plötzlich weg ist? Es ist ein unvorstellbares Gefühl. Die Trauer, die Wut, die Einsamkeit und die Angst vor dem Alleinsein. Wenn du das Gefühl der Einsamkeit und der Angst vor dem Alleinsein anschaust und es fragst, was es von dir will, wird es dir sagen, dass es Nähe ist. Dass es Bindung ist. Wir sind Herdentiere. Wir brauchen Bindung und Nähe zu anderen Menschen. Das zu wollen, ist nicht komisch oder übertrieben. Verurteile dich nicht dafür. Es ist okay, einen Wunsch nach Bindung zu haben. Jeder von uns hat ihn. Unsere Gefühle zeigen uns unmittelbar an, wenn das Bedürfnis nach Bindung unerfüllt ist.

Wir alle haben körperliche und psychische Bedürfnisse. Aber wie wichtig diese für jeden Einzelnen sind, vor allem die psychischen Bedürfnisse, das ist individuell unterschiedlich. Daher kann die Devise auch nur sein: Geh auf Entdeckungsreise zu dir selbst. Finde heraus, was du brauchst. Lass dich dabei von deinen Gefühlen leiten, von den negativen wie von den positiven, denn die Erfüllung von Bedürfnissen ist ein zentraler Baustein einer gesunden Emotionsregulation.

Achte darauf, in welchen Situationen du dich gut fühlst, oder erinnere dich an vergangene Situationen: Wann hast du dich wohlgefühlt, warst glücklich oder zufrieden? Welche Bedürfnisse waren da erfüllt? Was tut dir gut? Probiere vielleicht auch mal etwas Neues aus, um das rauszufinden. Bist du eher gesellig und glücklich, wenn du ständig tausend Leute um dich hast, oder fühlst du dich eher als ein Einsiedlerkrebs wohl? Geht es dir gut, wenn du eine enge Bindung hast und eine Person, mit der du rund um die Uhr zusammen sein kannst, oder brauchst du viel Zeit für dich allein? Wie wichtig ist dir also das Bindungsbedürfnis? Ist dir Anerkennung und Leistung besonders wichtig? Bist du jemand, der gern im Zentrum der Aufmerksamkeit anderer Menschen steht? Hast du eine Quelle für deinen Selbstwert? Machst du gern Sport oder bist du zufriedener, wenn du mit einem guten Buch oder einer Serie auf der Couch liegen kannst? Bist du jemand, der viel Sicherheit und Planung in seinem Leben braucht, oder magst du es eher spontan, frei und lässt dich vom Leben lieber überraschen? Wie wichtig sind also die unterschiedlichen psychischen Grundbedürfnisse für dich ganz individuell? Was brauchst du in deinem Leben, um dich wohlzufühlen und im Gleichgewicht zu sein? Achte auf die schmerzhaften Gefühlswellen und frage dich, was sie dir hinsichtlich deiner Bedürfnisse sagen wollen.

Das soll kein Plädoyer für ein egozentrisches und individualistisches Weltbild sein. Es geht nicht darum, dass jeder Mensch um jeden Preis seine eigenen Bedürfnisse bedingungs- und schonungslos durchsetzt, sondern abzugleichen, wie kompatibel sie mit denen der Mitmenschen sind. Im Leben ist es wichtig, Kompromisse zu finden und die Bedürfnisse der Mitmenschen mit Mitgefühl zu respektieren. Das bedeutet, sich auch mal zurückzunehmen und eigene Bedürfnisse hinter das Wohl des Gegenübers oder der Gemeinschaft stellen zu können.

Geraten die eigenen Bedürfnisse in Konflikt miteinander, sind starke unangenehme Gefühle die Folge. In einer Partnerschaft können zum Beispiel die Bedürfnisse nach Bindung und Autonomie in Konflikt geraten, wenn man im Grunde ein Beziehungsmensch ist und der Partner oder die Partnerin die eigene Freiheit stark einzuschränken versucht, weil er oder sie sehr eifersüchtig ist. Oder man möchte unbedingt Karriere machen, weil Anerkennung im Job wichtig ist, aber gleichzeitig hat man das Bedürfnis, so viel Zeit wie möglich mit der Familie zu verbringen oder sich mit seinen privaten Interessen intensiv zu beschäftigen. In diesem Fall erlebt man einen Konflikt zwischen Selbstwerterhöhung durch die Karriere und Lustgewinn auf der anderen Seite durch Freizeit. Derartige Konflikte führen zu psychischer Spannung. Es zeigen sich Gefühlswellen der Wut, der Traurigkeit, der Hilflosigkeit und am Ende in manchen Fällen sogar Depressionen oder andere Symptome psychischer Erkrankungen. Es ist in so einem Fall wichtig, hinzuhören, um herauszufinden, was man wirklich braucht und ob es einen Kompromiss gibt. Nur wenn es uns gelingt, auf den Grund der Gefühlswellen zu blicken und den Bedürfniskonflikt zu erkennen, können wir bewusste Entscheidungen darüber treffen, welcher der richtige Weg ist. Aber auch hier sollten wir uns darüber klar sein, dass schmerzhafte Gefühle unsere Wegbegleiter sein werden.

Die Entdeckungsreise zu unseren Bedürfnissen beginnt mit Achtsamkeit und Zeit. Richte dir ein bisschen Me-Time ein. Zeit für dich selbst. Nimm dir Zeit, um herauszufinden, was du wirklich brauchst und was dir guttut. Das können angenehme Aktivitäten sein, um das Bedürfnis nach Lust zu erfüllen. Das kann eine enge Bindung sein, um dein Bedürfnis nach Nähe zu stillen. Das kann ein Abenteuer sein, um mehr Autonomie und Freiheit in deinem Leben zu spüren. Oder ein Projekt, bei dem du für dich selbst und vielleicht auch von anderen Anerkennung spürst. Das Wichtigste ist, sich Zeit dafür zu nehmen, diese Dinge herauszufinden. Vielleicht findest du die Zufriedenheit schon in den kleinen Dingen des Lebens wie einem guten Gespräch mit einem Freund oder einem entspannten Tag in der Natur. Denn es braucht tatsächlich oft nicht viel, um die genannten Bedürfnisse zu erfüllen.

ÜBUNG Me-Time

Nimm dir ein wenig Zeit für dich und überlege, was du in deinem Leben brauchst und was dir wichtig ist. Schreibe auf, welches deine Bedürfnisse sind. Mach dir Gedanken darüber, wie sehr du diese Bedürfnisse in deinem Leben erfüllst und was du dafür tust. Vielleicht ist es an der Zeit, einmal etwas Neues auszuprobieren, um deinen Bedürfnissen näher zu kommen.

Ordne deine Bedürfnisse ein auf einer Skala von 0 bis 10 ein:

- Wie wichtig ist dir Bindung?
- Wie wichtig ist dir Anerkennung/Selbstwert?
- Wie wichtig ist dir Autonomie/Kontrolle?
- Wie wichtig ist dir Lustgewinn/Unlustvermeidung?

Überlege dir dann, was du tust, um diese Bedürfnisse zu erfüllen.

- Bindung: Pflegst du regelmäßigen Kontakt zu anderen Menschen? Hast du enge Beziehungen?
- Anerkennung/Selbstwert: Hast du Quellen, die deinen Selbstwert stärken? Kannst du dir selbst Anerkennung geben?
- Autonomie/Kontrolle: Wo stehst du für dich ein? Wo solltest du mehr für dich einstehen? Wie viel Handlungsspielraum hast du?
- Lustgewinn/Unlustvermeidung: Gehst du angenehmen Aktivitäten nach? Was macht dir Spaß? Was bereitet dir Freude?

Teil II

Positive Gefühlswellen fördern

6 Selbstmitgefühl

Neben der Bewusstwerdung und Erfüllung der eigenen Bedürfnisse ist Selbstmitgefühl ein unverzichtbarer Baustein für einen gesunden Umgang mit Emotionen und zur Förderung der Lebenszufriedenheit. Selbstmitgefühl ist eine Technik, die beim Surfen von Gefühlen sehr hilfreich sein kann. Es stellt eine gesunde Alternative der Emotionsregulation im Vergleich zum Verdrängen, Vermeiden oder Betäuben von Gefühlen dar. Wissenschaftliche Studien konnten zeigen, dass aktiv praktiziertes Selbstmitgefühl assoziiert ist mit einer höheren emotionalen Intelligenz und mehr Lebenszufriedenheit.[25, 26] Ebenso zeigt die Forschung, dass ein höheres Maß an Selbstmitgefühl einhergeht mit einem geringeren Ausmaß an depressiven Symptomen, Ängsten, Grübeln, Scham, Versagensgefühlen, Selbstabwertung oder Burn-out.[27] Selbstmitgefühl ist also in diesem Sinne ein mentales und emotionales Superfood, das zu einem ausgeglichenen Leben beitragen kann. Davon sollte man am besten jeden Tag etwas zu sich nehmen. Aber was genau ist eigentlich Selbstmitgefühl? Und wie macht man das?

Selbstmitgefühl bedeutet, sich selbst respektvoll, fürsorglich, aufmerksam, nachsichtig und vielleicht auch humorvoll zu behandeln. Sich selbst so zu begegnen, als wäre man eine gute Freundin oder ein guter Freund. Sich zuzuhören, sich zu verstehen und sich letztlich freundschaftlich zur Seite zu stehen, egal wie das Leben gerade spielt. Wenn der Rest der Welt gefühlt gegen dich ist, solltest zumindest du selbst an deiner Seite stehen. Ob man etwas verbockt hat, verlassen oder ungerecht behandelt wurde, traurig ist, Angst hat, sich schämt, ganz egal. Sei für dich da und sei vor allen Dingen nicht so streng mit dir. Kristin Neff, eine amerikanische Wissenschaftlerin und Spezialistin auf dem Gebiet des Selbstmitgefühls, definiert es wie folgt: Selbstmitgefühl hat drei Komponenten, erstens Freundlichkeit zu sich selbst, zweitens das Gefühl, dass jeder Mensch Leid erfährt und Fehler macht, es also eine Universalität des Leidens gibt, und drittens, dass wir achtsam mit unseren Gefühlen umgehen sollen und auch negative Emotionen in unserem Leben anerkennen müssen.[28]

Was wäre, wenn man tatsächlich einfach mal liebevoll und freundlich mit sich selbst wäre? Man also im Inneren auf wertschätzende und nachsichtige Art mit sich sprechen und sich fürsorglich um sich kümmern würde? Was wäre, wenn man mit der Selbstsabotage aufhört, den inneren Kritiker in die Schranken weist und akzeptiert, dass alle Menschen Fehler machen dürfen?

Einen Tag, eine Stunde, eine Minute. Sei nett zu dir. Sei mitfühlend. Hör auf, dich ständig zu kritisieren oder fertigzumachen. Erteile dem inneren Kritiker mal eine Sendepause. Beginne damit, dich selbst zu verstehen, dich zu trösten und dir wertschätzend zuzusprechen, als ob du mit einer Freundin oder einem Freund reden würdest. Das Gute ist, dass die meisten Menschen diese Fähigkeit schon in sich tragen. Man müsste sie eigentlich nur bei sich selbst anwenden. Die Grundausstattung an Empathie, also Mitgefühl, hat so gut wie jeder in sich.

ÜBUNG Selbstmitgefühl zeigen

Mach ein Experiment: Sei mal einen Tag, eine Stunde oder auch nur eine Minute lang respektvoll, liebevoll, freundlich, nachsichtig und nett zu dir selbst. Sei nicht so streng mit dir. Beobachte deine Gedanken und verändere den Tonfall deiner inneren Stimme, als würdest du mit einem Menschen sprechen, der dir lieb ist. Begegne dir mit Selbstmitgefühl und mit Humor. Sei dir eine gute Freundin oder ein guter Freund.

Hier noch eine kleine sprachliche Anleitung zu mehr Selbstmitgefühl. Egal, welche emotionale Welle du reiten musst, es gibt ein paar einfache Sätze, die dich dabei unterstützen können, dein Selbstmitgefühl zu fördern:

ÜBUNG Selbstmitgefühl-Sätze

Ich verstehe, dass du dich gerade so fühlst.
Das ist okay.
Was du fühlst, ist normal.
Es ist menschlich, sich so zu fühlen.
Das würde anderen genauso gehen.
Jeder macht Fehler.
Du bist damit nicht allein.
Was brauchst du jetzt? Was würde dir guttun?

Diese Übungen sind besonders nützlich, wenn man einen Fehler gemacht hat, etwas nicht gelungen ist oder man nicht weiterweiß. Übe dich darin, Mitgefühl mit dir zu haben, nachsichtig zu sein und dir Fehler in deinem Leben zu erlauben. Wir sind nicht perfekt. In diesen Fällen ist Selbstmitgefühl das wichtigste Werkzeug, um Scham, Schuld und Scheitern gut zu bewältigen. Am besten wäre es, jeden Tag eine Dosis Selbstmitgefühl zu bekommen. Jeder hat es selbst in der Hand, wie er mit sich umgehen möchte. Es ist in gewisser Weise eine Entscheidung, die wir treffen: respektvoll und freundlich oder abwertend, unerbittlich, grausam und vielleicht sogar hasserfüllt mit sich umzugehen. Man kann sich auch mal die Frage stellen, was es eigentlich bringt, streng oder gemein zu sich selbst zu sein. Selbstmitgefühl wird dich voranbringen. Es kann dir helfen, dich auf deinem Weg zu deinen Zielen zu motivieren. Selbstsabotage bringt dir nichts. Sie entmutigt dich, sie macht dir Angst. Es gibt auch dazu wissenschaftliche Erkenntnisse: Forscher wiesen nach, dass das Akzeptieren und Eingestehen eigener Fehler in Kombination mit Selbstmitgefühl die Motivation zur eigenen Leistungssteigerung deutlich erhöht. Fehler und Schwächen zu akzeptieren und mitfühlend mit sich umzugehen, führte insgesamt zu mehr Bereitschaft, seine Leistung zu verbessern.[29]

Ein Beispiel: Wer kennt nicht die gemeine, unerbittliche Stimme im Kopf, wenn es um das eigene Aussehen oder das Körperbild geht? »Deine Oberschenkel sind zu dick, dein Bauch ist zu schwabbelig, deine Haut nicht straff genug, deine Zähne zu gelb …« Den eigenen Körper zu kritisieren, ist leider ein Stück weit normal. Warum das so ist? Damit wir uns als soziale Wesen anspornen, für andere attraktiv zu sein. Im Grunde ist das nicht verkehrt, aber auch hier kommt es auf den Tonfall und die Wortwahl der inneren Stimme an, denn man kann sich auf unterschiedliche Arten zur körperlichen Selbstoptimierung motivieren: grausam und abwertend oder respektvoll und nachsichtig. Auch wenn Unzufriedenheit mit dem eigenen Körper immer negative Gefühle auslöst, können wir schlimmere Gefühlslagen verhindern, indem wir uns respektvoll anspornen, uns selbst zu verbessern, statt sich fertigzumachen und abzuwerten. Was könnte also die Alternative zu »Mach Sport, du fettes, ekliges Würstchen!« sein? Vielleicht »Mach Sport, dann wirst du dich wieder wohler in deinem Körper fühlen«. Sich zu beschimpfen wirkt vielleicht auf den ersten Blick motivierend, aber man handelt sich damit ein ziemlich mieses Gefühl ein. Es geht definitiv auch anders.

Erstaunlicherweise kann man beobachten, dass sich das eigene Selbstmitgefühl auf andere Menschen positiv auswirkt. Menschen, die mit sich selbst mitfühlend, fürsorglich und respektvoll umgehen, begegnen auch anderen eher mit einer nachsichtigen und wohlwollenden Haltung, was wiederum einen positiven Rückkopplungseffekt hat. Wohlwollen und Mitgefühl verstärken einander. Eine mitfühlende Geste oder wertschätzende Worte können beim Gegenüber angenehme Gefühlswellen auslösen, sodass es etwas Positives zurückgeben möchte und dir mit derselben Haltung begegnet. Es ist ein sich selbst verstärkendes System aus Selbstmitgefühl und Mitgefühl – nicht Mitleid! Das ist ein großer Unterschied. Ein Beispiel: Wenn du selbst permanent alles von dir abverlangst und Perfektsein nicht gut genug ist, bist du wahrscheinlich permanent unzufrieden, weil du deinen Anforderungen nicht gerecht wirst. Das wird vermutlich negative Gefühlswellen auslösen. Es kann sein, dass man seinen inneren Perfektionismus unbewusst auch auf andere Menschen überträgt und dadurch unerbittlich, ungeduldig und streng mit anderen ist. Wie werden sie auf dich reagieren? Sich selbst aus den Fängen dieser gemeinen, unerbittlichen und boshaften inneren Haltung zu befreien und sich stattdessen mit Mitgefühl zu begegnen, hat auch massive Auswirkungen auf unsere sozialen Beziehungen. Entscheide dich also für das Mitgefühl – mit dir selbst und anderen – und nicht für die Abwertung.

7 Selbstfürsorge

Gehen wir noch einen Schritt weiter. Was brauchst du jetzt? Das ist eine Frage, die man sich selbst unbedingt stellen sollte. Sich nach innen zu wenden und sich selbst zuzuwenden sollte nicht nur auf der gedanklichen und emotionalen Ebene stattfinden, sondern sich in gleichem Maße in unserem Verhalten widerspiegeln. Die Frage nach deinen Bedürfnissen und die Entscheidung zu einer selbstmitfühlenden, freundlichen inneren Haltung sollten konkrete Verhaltensmaßnahmen zur Selbstfürsorge nach sich ziehen. So wie wir uns um ein trauriges, einsames, wütendes, oder ängstliches Kind kümmern würden, sollten wir für uns selbst sorgen. Selbstfürsorge hilft, Belastungen, Stress und negative Gefühle auszugleichen, und ist eine gesunde und funktionale Form der Emotionsregulation. Doch dazu musst du dich aktiv entscheiden und dir bewusst Zeit dafür nehmen.

Wer gut für sich sorgt, wird insgesamt weniger belastende Gefühlswellen bewältigen müssen und ist besser gerüstet für stürmische Zeiten. Wie wir mit uns umgehen und uns behandeln, beeinflusst unser Gefühlsleben, denn das Verhalten wirkt sich auf unsere Gefühle aus. Für sich selbst zu sorgen heißt, sich achtsam, respekt- und liebevoll zu versorgen, sich zu pflegen, seine Gesundheit zu erhalten und persönliche Bedürfnisse zu erfüllen. Negative Gefühle sind wie gesagt ein Hinweis darauf, dass bestimmte Bedürfnisse nicht erfüllt oder in Konflikt miteinander geraten sind. Aktive Selbstfürsorge wirkt einer Bedürfnisfrustration entgegen und lindert negative Gefühlswellen auf gesunde Weise.

Im vorherigen Kapitel haben wir uns mit Selbstmitgefühl beschäftigt und wie eine Veränderung unserer inneren Haltung unsere Gefühle positiv beeinflussen kann. Auch durch die Veränderung unseres Verhaltens tragen wir maßgeblich dazu bei, angenehme Gefühlswellen auszulösen und bedrohliche und schmerzhafte Wellen abzufedern oder gar zu verhindern.

Eine bewusste und aktive Selbstfürsorge beginnt mit der Versorgung deiner Grundbedürfnisse wie Essen, Trinken, Schlafen, Bewegen und einer Balance zwischen Ruhephasen und Aktivität. Selbstfürsorglich mit sich umzugehen bedeutet also zunächst, regelmäßig zu schlafen, sich ausreichend und gesund zu ernähren, genug zu trinken, sich regelmäßig zu bewegen, anregende beziehungsweise angenehme Aktivitäten in den Tag einzuplanen und Pausen zur Erholung zu machen. Das ist sozusagen das Selbstfürsorge-Basisprogramm. Es lohnt sich, zunächst einmal eine kleine Bestandsaufnahme zu machen: Wie steht es derzeit um deine Selbstfürsorge? Versuche, die genannten Bedürfnisse zu stillen, indem du dich aktiv darum kümmerst. Vielleicht musst du deinen Schlafrhythmus ändern und früher ins Bett gehen oder dir überlegen, wie du dich im Arbeitsalltag gesünder ernähren kannst. Stell dir zum Beispiel morgens eine Flasche Wasser bereit, um sicherzustellen, dass du nicht vergisst, genug zu trinken. Oder bereite dir abends eine gesunde Mahlzeit zu, die du mit ins Büro nimmst. All das sind kleine Schritte, aber große Gesten der Selbstfürsorge. Kümmere dich gut um dich, so wie du dich um ein Kind oder eine gute Freundin kümmern würdest.

Das Basisprogramm beinhaltet weitere wichtige körperliche Bedürfnisse: Entspannung beziehungsweise Ruhephasen und Bewegung sind zwei zentrale Säulen. Auch die Körperpflege gehört zur Selbstfürsorge. Fühlst du dich wohl in deiner Haut? Was könnte dir guttun? Nimm dir Zeit, dich zu pflegen, beispielsweise durch ein Bad oder indem du deine Haut eincremst.

Durch solche alltäglichen Gesten können wir uns Achtung und Wertschätzung entgegenbringen, wenn wir sie bewusst zur Selbstfürsorge ausführen.

Baue Bewegung und aktive Entspannung in den Alltag ein. Geh regelmäßig spazieren oder besser noch, finde eine Sportart, die dir Spaß macht. Unter aktiver Entspannung verstehen wir Dinge, die wir bewusst zur Erholung unternehmen, so zum Beispiel Meditation, Entspannungsübungen, Yoga oder Ähnliches.

Zu guter Letzt im Basisprogramm: Wenn man das Selbstfürsorgeprogramm startet, sollte man regelmäßige ärztliche Vorsorgetermine (Zahnarzt, Krebsvorsorge etc.) nicht vergessen. Achte auf deinen Körper. Das bedeutet, sich auszuruhen und nicht zu arbeiten, wenn man krank ist, und bei akuten Beschwerden zum Arzt zu gehen und sich behandeln zu lassen. Das klingt für manche selbstverständlich, aber tatsächlich ist es das für viele Menschen nicht. Viele schleppen sich krank in die Arbeit. Beschwerden oder Schmerzen werden zum Teil monatelang ignoriert und abgetan. Viele Menschen müssen erst lernen, sich selbst fürsorglich zu behandeln.

ÜBUNG Selbstfürsorge Basispaket

Schlaf: Schläfst du genug? Mindestens sechs bis acht Stunden pro Tag sollten es sein. Wenn du Schlafstörungen hast, verzichte eine Zeit auf Kaffee und schlafe nicht tagsüber. Achte auf regelmäßige Schlafzeiten.

Ernährung: Isst du genug? Isst du zu viel? Isst du regelmäßig? Ernährst du dich gesund? Nimmst du ausreichend Flüssigkeit zu dir? Nimmst du dir Zeit für deine Mahlzeiten?

Bewegung: Bewegst du dich täglich? Finde eine Sportart, die dir Spaß macht, und baue mehr Bewegung wie Spazierengehen oder Treppensteigen in deinen Alltag ein.

Entspannung: Plane dir bewusst Entspannungszeiten und Ruhephasen ein. Wende eine aktive Entspannungsmethode an. Im

Internet gibt es dazu zahlreiche Anleitungen (zum Beispiel progressive Muskelentspannung, Qigong, Yoga, autogenes Training). **Körperpflege:** Fühlst du dich wohl in deiner Haut? Überlege, was du zur Körperpflege brauchst und was dir guttun könnte. **Gesundheitsvorsorge:** Nimm regelmäßig Vorsorgetermine beim Arzt wahr und lass dich behandeln, wenn du krank bist.

Ein richtiges Selbstfürsorge-Spezialprogramm wäre es dann noch, wenn man nun auch die psychischen Bedürfnisse aktiv zu versorgen beginnt. Wir erinnern uns an die vier menschlichen psychischen Grundbedürfnisse: Bindung, Autonomie, Selbstwert und Lust. Zur Erinnerung: Höre auf deine Gefühle, denn sie sagen dir, was dir fehlt!

Ein guter Kompass für eine gelungene Selbstfürsorge sind unsere Werte, also die Dinge, die uns im Leben wichtig sind und die Richtung bestimmen. Das können Themen sein wie Partnerschaft, Bildung, Familie, Spiritualität oder Glauben, Gesundheit, Hobbys oder Natur- und Klimaschutz, aber auch Karriere und Weiterentwicklung. Was ist dir wichtig? Wonach richtest du dein Leben aus? Was gibt deinem Leben Sinn? Werte helfen dir, eine Orientierung im Leben zu finden. Sie sind wie Leuchttürme auf hoher See. Wenn du mit dem Surfen von Gefühlen beschäftigt bist, halte Ausschau nach deinen Werte-Leuchttürmen. Sie weisen dir den Weg. Das Leben nach den eigenen Werten auszurichten und dabei konkrete Schritte in Angriff zu nehmen, ist eine bewusste Entscheidung dafür, sich selbst wahr- und ernst zu nehmen. Wenn dir zum Beispiel Klima- und Naturschutz wichtig sind, dann überlege dir, was du konkret tun, wie du also dein Verhalten ändern kannst, um diesem Wert näher zu kommen. Du könntest zum Beispiel mehr vegetarisch kochen, weniger mit dem Auto fahren oder einem Naturschutzverein beitreten. Die Orientierung an deinen Werten ist aktive Selbstfürsorge und fördert positive Gefühle.

ÜBUNG Das Selbstfürsorgeprogramm für Fortgeschrittene

Werde dir deiner **Werte** im Leben bewusst. Was gibt dir Sinn? Woran orientierst du dich? Was ist dir wichtig? Notiere deine Werte und bringe sie in eine Reihenfolge. So siehst du, was dir am wichtigsten ist.

Plane konkrete Schritte, um dich in Richtung deiner Werte zu bewegen. Setze dir **Ziele,** die dich deinen Werten näherbringen.

Eine kleine Anmerkung zum Schluss: Ich will nicht den Moralapostel spielen, aber zu einer guten und ernst gemeinten Selbstfürsorge gehört es auch, sich nicht zu schaden. Ob Alkohol, Zigaretten, Drogen oder Medikamente, die nicht verschrieben wurden – reflektiere, ob du dir durch bestimmte Dinge Schaden zufügst und ob du dein Verhalten aktiv verändern kannst.

Extra: Liebeskummer-Selbstfürsorge

Man wird verlassen oder zurückgewiesen oder trennt sich vom Partner oder der Partnerin. Traurigkeit, Wut und Kränkung werden spürbar. Im ersten Impuls wird man verleitet zu einer sofortigen und effizienten Gefühlsbetäubung. Alkohol. Ablenkung. Oder doch vielleicht Überkompensation durch exzessives Dating? Sich beweisen müssen, dass man etwas wert ist. Oder vollständiger Rückzug in die Verzweiflung. Selbstmitleid. Selbstabwertung und Vermeidung von Beziehungen für lange Zeit. Hast du schon mal darüber nachgedacht, dich gerade in so einer Zeit ganz bewusst liebevoll und gut zu behandeln? Dich gut zu versorgen und deine Wunden zu pflegen? Versuch, die Gefühle der Trauer, des Schmerzes und der Wut von Zeit zu Zeit bewusst wahrzunehmen. Spüre die Welle. Nimm dir Zeit, um zu weinen.

Die Welle wird von allein irgendwann wieder abklingen. Gefühle surfen bedeutet, sich bewusst Zeit zu nehmen für seine Gefühle. Denn sie wollen und müssen verarbeitet werden. Gleichzeitig ist es sinnvoll, die Gefühlswellen ab und an zu begrenzen und sich wieder auf das Leben im Hier und Jetzt zu konzentrieren. Also abwechselnd zu fühlen und sich von den Gefühlen abzulenken, zum Beispiel indem man Freunde trifft, etwas unternimmt, Sport treibt, sich etwas Gutes tut oder sich mit seinen Hobbys beschäftigt. Das bestehende soziale Netz zu aktivieren, spielt dabei eine zentrale Rolle. Damit man sich weniger allein auf dieser Welt fühlt, ist es ratsam, Kontakt zu Freunden zu suchen. Sich ihnen gegenüber zu öffnen, über seine Gefühle zu sprechen und sich auch mal ablenken zu lassen. Man darf Gefühle wie gesagt für eine gewisse Zeit auch verdrängen, wenn man sich zwischendurch Zeit nimmt, sie zu durchleben. Schade dir nicht, betäube dich nicht und werte dich vor allem nicht ab. Begegne dir mit Selbstmitgefühl. Das macht den Schmerz nicht kleiner, aber du solltest dich nicht auch noch ablehnen, wenn schon die ganze Welt gefühlt gegen dich ist.

8 Selbstbestimmung – kraftvolle Entscheidungen treffen

Was Gefühle mit Selbstbestimmung zu tun haben

Den Kurs selbst zu bestimmen, erfüllt das menschliche Bedürfnis nach Autonomie oder Kontrolle und schafft dadurch ein Gefühl von Freiheit und Zufriedenheit. Das Gefühl, das Leben selbst in der Hand zu haben, macht nachweislich glücklich. Selbstbestimmung ermöglicht uns, Schlechtwetterfronten zu umschiffen, selbst gewählte Ziele zu erreichen und Selbstwirksamkeit zu spüren. Langfristige positive Gefühlszustände sind die Folge. Sich bewusst, selbstbestimmt und mutig Entscheidung zu stellen, erlaubt es uns, das Leben und seine Richtung aktiv zu beeinflussen, um Bedürfnisse in Einklang zu bringen. Eine aktive Kursbestimmung im Sinne des selbstbestimmten Gestaltens und Verhaltens ist für uns Menschen daher unerlässlich. Wissenschaftlichen Studien zufolge fördert Selbstbestimmung das Wohlbefinden. Neben Grawes Theorie der Grundbedürfnisse postulieren auch Ryan und Deci in ihrer Selbstbestimmungstheorie, dass Autonomie, also Selbstbestimmung, ein zentrales menschliches Grundbedürfnis ist.[30] Sie führten mehrere Studien durch, die einen Zusammenhang zwischen Selbstbestimmung und einer besseren Leistung, einem höheren Selbstwert und mehr Wohlbefinden zeigen konnten.[31] Ein selbstbestimmtes Leben zu führen bedeutet, seine Bedürfnisse bewusst wahrzunehmen und sie zu erfüllen, ohne dabei die Freiheit anderer Menschen einzuschränken. So steht es sogar in unserem Grundgesetz. »Jeder hat das Recht auf die freie Entfaltung seiner Persönlichkeit, soweit er nicht die Rechte anderer verletzt …«[32]

Häufig führen wir jedoch kein selbstbestimmtes Leben, sondern fühlen uns äußeren Zwängen und den Erwartungen anderer ausgesetzt und unterlegen. Und das bedeutet Stress. Stress, der auf Dauer krank macht. Unbewusst machen wir viele Entscheidungen und damit unseren Lebensweg abhängig von den Bewertungen, Erwartungen und Bedürfnissen anderer Menschen, indem man etwa den Eltern zuliebe ein bestimmtes Studienfach wählt oder einen bestimmten Beruf ergreift.

Nicht selten machen wir unser Leben sogar nur von den antizipierten, also den vermuteten Meinungen der anderen abhängig. Das heißt, wir denken darüber nach, was andere über uns denken könnten, und richten unser Verhalten danach aus. Wir passen uns an, lassen uns in unseren Handlungen leiten von Informationen, die wir durch »Gedankenlesen« erworben haben, um von anderen gemocht zu werden. Der Grund dafür ist das Bedürfnis nach Nähe und Bindung oder, andersherum formuliert, die Angst vor Ablehnung und dass wir andere nicht enttäuschen wollen.

Oft stimmt es überhaupt nicht, was wir uns da beim Gedankenlesen zusammenreimen. Wir wissen nicht, was die anderen wirklich denken. Außerdem ist es grundsätzlich nicht ratsam, sein Verhalten nach den Erwartungen oder Bewertungen anderer Menschen auszurichten, ob diese nun real sind oder nicht. Wir untergraben damit unser Bedürfnis nach Selbstbestimmung und das führt auf Dauer zu psychischer Spannung und schlechten Gefühlen. Um zu verhindern, von anderen abgelehnt zu werden, bezahlen wir also einen hohen Preis: Wir verlieren damit unsere Freiheit und Zufriedenheit. Zudem wird es uns nie gelingen, von allen gemocht zu werden. Wir würden überhaupt nicht mehr fertig werden mit der Selbstverleugnung, um allen zu jeder Zeit gerecht zu werden. Das ist nicht nur vergebliche Liebesmüh, sondern zudem äußerst anstrengend. Es wird immer Menschen geben, von denen man gemocht wird und andere, die dich meiden. Sei selbstbestimmt mit einer inneren flexiblen Stabilität. Der Versuch aber, es allen recht zu machen, lässt uns zu Wachsfiguren werden – biegsam, anpassungsfähig und ohne innere Stabilität.

Sich aufopfern oder: Der Wachsfigurenmodus

Das Wachsfigurenphänomen lässt sich bei vielen Menschen beobachten. Wie diese verbiegen wir uns, um den Erwartungen der anderen gerecht zu werden. »Was denken bloß die anderen von mir?« wird zu einem Leitmotiv im Leben.

Dieser Wachsfigurenmodus hat besondere Vorteile. Solltest du diesen Modus, den man sich wie eine Art Anzug vorstellen kann, in deinem Schrank haben, hast du eine Superkraft. Diese Superkraft verleiht dir die Fähigkeit, Bedürfnisse und Stimmungen anderer Menschen auf feinfühlige Art wahrzunehmen und zu erfüllen. Du spürst genau, was dein Gegenüber braucht, und kannst es ihm geben. Du kannst in diesem Moment genau das sein und tun, was der andere benötigt. Du passt dich seinen Bedürfnissen an, bist flexibel und formbar wie Wachs. Für jeden kannst du so sein, wie er oder sie es gerade will. Gemocht werden ist das zentrale Bedürfnis, das unser Verhalten dabei steuert. Diese Superkraft macht dich bei anderen sehr beliebt, vor allem bei Menschen, deren Welt sich um sich selbst dreht. Denn was könnte es Schöneres geben, als eine Gefährtin oder einen Gefährten zu haben, der stets spürt, wie es einem geht, und sich an all deine Bedürfnisse wort- und widerstandslos anpassen kann? »Wir können machen, was du willst, mir ist es egal« ist ein typischer Satz für den Wachsfigurenmodus. Du wirst für viele eine beste Freundin/ein bester Freund werden und sie werden dich verehren. Aber diese Superkraft hat entscheidende Nachteile: Du verlierst dich selbst, vor allem, wenn du deine Superkraft nicht bewusst kontrollieren und für dich selbst nutzen kannst. Du nimmst deine Gefühle, Bedürfnisse und Wünsche nicht mehr wahr, weil sich alles um die anderen dreht und du dein Leben nach deren Erwartungen gestaltest und sogar gestalten musst, weil es sich sonst schlecht anfühlt.

Den Wachsfigurenanzug tragen meist Menschen, die diese Fähigkeit als Überlebensstrategie einsetzen mussten, um geliebt, gesehen, anerkannt zu werden. Erinnere dich an das Kapitel 4 »Die Wunden der Vergangenheit«. Bei emotionaler Vernachlässigung besteht die Überlebensstrategie in der Anpassung an die Bedürfnisse der anderen. Und dazu dient der Wachsfigurenanzug. So ein altes Muster hat in der Regel bis in die Gegenwart Bestand, wenn man es sich nicht bewusst macht und aktiv zu verändern versucht. Du kannst dich dann auch heute noch problemlos zu allem und jedem verformen, was gerade benötigt wird, bis du selbst nur noch eine leere Hülle aus Empathie und Feinfühligkeit bist. Du bist ein emotionaler Resonanzkörper, der die Schwingung des Gegenübers sofort aufnimmt und versteht. Du funktionierst als Bedürfniserfüllerin, als Gefühlsberuhigerin, als Spiegel, als Verstärker, als Trösterin, als Zuhörerin, als Gefährtin ... und du erfüllst deine Funktion sehr gut. Diese Strategie funktioniert. Kurzfristig. Langfristig wird sich eine Unzufriedenheit und irgendwann Groll gegen die anderen breitmachen.

Um ein selbstbestimmtes Leben zu führen, musst du wissen, was du willst, und deine Werte, Bedürfnisse und Ziele kennen. Mach Schluss mit dem Gedankenlesen und hör auf deine innere Stimme. Dazu braucht es verdammt viel Mut. Lebe dein Leben nicht für die anderen. Im Alter denken zu müssen, »Hätte ich doch nur das getan, was ich für richtig gehalten und gewollt hätte, anstatt mich immer nach den anderen zu richten«, ist keine schöne Vorstellung. Lebe dein Leben für dich selbst. Triff kraftvoll selbstbestimmt Entscheidungen, auch wenn du negative oder unangenehme Konsequenzen fürchtest. Auch wenn manche Menschen dich daraufhin ablehnen. Es geht darum, Verantwortung für sich selbst zu übernehmen und Veränderungen in Gedanken und Taten umzusetzen. Und mit dem Handeln ändern sich auch deine Gefühle.

Wusstest du übrigens, dass die anderen Menschen in der Regel gar nicht so viel über dich und dein Leben nachdenken, wie du das vermutest? Für gewöhnlich machen wir uns relativ wenig Gedanken über die Entscheidungen, das Leben oder das Aussehen anderer Menschen. Wir können natürlich nicht verhindern, von jemandem schlecht bewertet zu werden. Das kommt vor, egal wie sehr wir uns anstrengen. Zum Glück erfahren wir es in der Regel nicht, denn man tut dies meist hinter unserem Rücken. Dann kehrt jeder wieder zur Tagesordnung und seinem eigenen Leben zurück. Und genau das sollte man sich immer wieder bewusst machen, wenn man Entscheidungen herauszögert oder Dinge nicht tut, weil man Sorge hat, was die anderen denken könnten. Sie denken nicht den ganzen Tag über dich und dein Leben nach. Du musst mit der Entscheidung leben, nicht die anderen. Es geht einzig und allein darum, dass DU am Ende des Tages zufrieden bist und das Gefühl hast, den richtigen Weg eingeschlagen zu haben. Wenn du dir also ein Piercing stechen lassen willst, dann tu es. Wenn du etwas anderes studieren möchtest, als deine Eltern wollen, dann mach das. Wenn du jemand anderen liebst, dann trenne dich. Wenn du kein Kind in diese Welt setzen willst, dann tu es nicht. Ganz gleich, was die anderen dazu sagen könnten.

Hast du Angst, weil du fürchtest, es nicht zu schaffen, oder weil du von anderen schlecht bewertet werden könntest? Mach dir klar, dass dein Leben dir gehört und du es nicht für die anderen lebst. Selbstbestimmung lässt sich üben. Hänge den Wachsfigurenanzug in den Schrank. Du brauchst ihn nicht mehr. Fange mit kleinen Entscheidungen an, Selbstbestimmung in deinem Leben zu praktizieren. Mach dir bewusst, dass du nicht abgelehnt wirst, nur weil du sagst, was du brauchst und möchtest.

ÜBUNG In kleinen Schritten zu mehr Selbstbestimmung: Mini-Entscheidungen treffen

Triff zum Beispiel die Entscheidung, was du essen möchtest, wenn du in Gesellschaft bist. Sag nicht mehr: »Mir ist es gleich, ich mag, was du magst.«

Mach einen Vorschlag, welchen Film du mit einem Freund oder einer Freundin ansehen möchtest, und sage nicht: »Wir können schauen, was du möchtest.«

Entscheide über deine Freizeitgestaltung und suche dir eine Aktivität, die du gern machen möchtest. Schlage sie anderen vor.

Das Thema Selbstbestimmung spielt auch eine Rolle in unseren Liebesbeziehungen. Führe Beziehungen nicht um jeden Preis. Passe dich nicht immer an. Ordne deine Bedürfnisse nicht ständig unter, aus Angst, verlassen zu werden. Beziehungen sollen auf Augenhöhe stattfinden und nicht in Abhängigkeit gelebt werden. Abhängigkeit in Beziehungen lässt jegliche Selbstbestimmung zugrunde gehen. Ein dauerhaft frustriertes Bedürfnis nach Nähe und emotionaler Versorgung kann uns Menschen zu regelrechten Bindungsjunkies werden lassen. Das kostbare

Gut der emotionalen Nähe wird so stark herbeigesehnt und erscheint umso erstrebenswerter, wenn es einmal erlebt wurde. Die Wohltat emotionaler und körperlicher Nähe wird nach Jahren der Entbehrung existenziell, wir werden süchtig danach. Gleichzeitig schleicht sich langsam, aber sicher die Verlustangst ein. Man tut alles, um den Partner oder die Partnerin zufriedenzustellen und ein Verlassenwerden zu verhindern. Abhängigkeit vom Spender der Nähe ist die Folge, das Aufgeben der Selbstbestimmung das Resultat. Man opfert sich auf, verbiegt sich, wagt nicht mehr, zu widersprechen. Das Bedürfnis nach Nähe ist größer als das Autonomiebestreben. Kurzfristig wird das psychische Gleichgewicht damit erhalten, langfristig entsteht dadurch eine Schieflage, die unangenehme Gefühlswellen von Ärger bis Wut bis hin zur Verzweiflung und totaler Selbstaufgabe mit sich bringen kann. Dieses Phänomen zeigt sich nicht nur im Verhalten in der Beziehung, sondern bereits bei der Partnerwahl. »Hauptsache, ich bin nicht allein«, denken viele. Doch auch in dieser Situation ist es sinnvoll, Selbstbestimmung zu trainieren.

ÜBUNG

Partnerschaft und Freundschaft nicht um jeden Preis!

Trau dich, in deiner Partnerschaft Bedürfnisse und Wünsche zu äußern. Versuche es auf kooperative Weise anstatt auf kämpferische Art. Äußere deine Wünsche als Ich-Botschaft, ohne dem anderen dabei einen Vorwurf zu machen.

Wenn du auf der Suche nach einem Partner oder einer Partnerin bist, dann nimm dir Zeit, die Person kennenzulernen. Triff selbst die Entscheidung, ob es zwischen euch passt, und warte nicht darauf, was dein Gegenüber entscheidet.

Mach dir dazu bewusst, ob du die Person wirklich interessant, liebenswert oder attraktiv findest oder ob dein inneres Kind sich gerade um jeden Preis in eine Beziehung stürzen möchte, wobei du die Persönlichkeit deines Gegenübers eigentlich überhaupt nicht wahrnimmst oder vielleicht sogar überhaupt nicht magst. Entscheide selbst und bewusst, ob du mit dieser Person zusammen sein willst.

Zusammengefasst kann man sagen, eine gesunde Emotionsregulation beginnt mit unseren eigenen Gedanken und unserem Verhalten, mit der aktiven Entscheidung, unsere Gedanken und unser Verhalten zu verändern. Gefühle lassen sich nicht auf Knopfdruck verändern, nur weil man beschließt, sich jetzt besser fühlen zu wollen, sie können jedoch über unser Verhalten und unsere Gedanken positiv beeinflusst werden. Du kannst deine Gedanken und dein Verhalten bewusst und achtsam steuern. Tatsächlich stehen diese drei Komponenten in einem Wechselspiel miteinander: Gedanken, Gefühle und Verhalten. Eine mitfühlende innere Stimme, also freundliche und respektvolle Gedanken sich selbst gegenüber, haben einen positiven (und eine abwertende innere Stimme einen negativen) Effekt auf unsere Gefühle. Ebenso wirken sich selbstfürsorgliches und selbstbestimmtes Verhalten positiv auf unsere Emotionen aus und verbessern unsere Stimmung. Und wenn wir uns besser

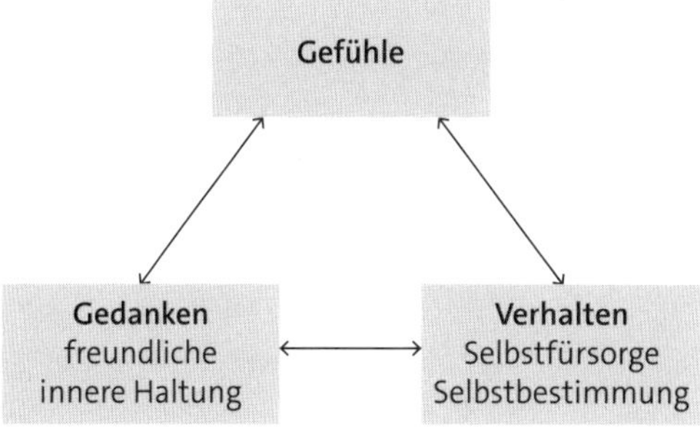

Abbildung 1: Der Zusammenhang zwischen Gefühlen, Gedanken und Verhalten

fühlen, wirkt sich das wiederum auf unser Verhalten und unsere Gedanken aus. Wir sind dann mutiger, aktiver, motivierter und mitfühlender mit uns und anderen. Es ist also ein sich selbst verstärkendes System oder eine Aufwärtsspirale, die mit freundlichen und mitfühlenden Gedanken und einem selbstfürsorglichen und selbstbestimmten Verhalten beginnt. Gefühle lassen sich darüber indirekt positiv beeinflussen. Du kannst selbst angenehme und schöne Gefühlswellen auslösen. Das ist zugegebenermaßen nicht leicht, aber es lohnt sich, es auszuprobieren. Selbstmitgefühl, Selbstfürsorge und Selbstbestimmung sind die Zutaten für emotionales Wohlbefinden.

Teil III

Negative Gefühlswellen abfedern

9 Im Gespräch mit dem inneren Kritiker

Eine häufige Quelle negativer Gefühle sind unsere eigenen Gedanken und Bewertungen über uns selbst. »Du bist zu dick«, »Du bist nichts wert«, »Du bist dumm«, »Du bist nicht interessant genug«, »Du bist zu nichts zu gebrauchen«, »Du bist lächerlich«, »Du wirst es nie zu etwas bringen«, »Du Versager!« und vieles mehr flüstert oder schreit diese unerbittliche innere Stimme im Kopf. Wir alle haben in unserem Leben schon mal Bekanntschaft mit dem sogenannten inneren Kritiker gemacht. Jeder von uns hat ihn. Bildlich gesprochen sitzt er im Gehirn und treibt dort sein Unwesen, indem er giftige Gedanken speit. Erstaunlicherweise gehen wir tatsächlich am härtesten mit uns selbst um. Zu anderen Menschen sind wir meistens wohlwollender, wertschätzender und freundlicher, mit uns selbst hingegen sprechen wir oft abwertend und voller Hass. Der innere Kritiker erlaubt keine Fehler, er ist strafend, unerbittlich und macht sich über unsere Gefühle lustig, verachtet sie oder bestraft sie durch Gedanken wie »Mach dich nicht lächerlich!«. Die Folge von anhaltender Selbstbestrafung und Selbstabwertung sind Selbsthass und Selbstverachtung bis hin zur Depression. Das sind irrsinnig schwere und schmerzliche Gefühlslagen, die man auf gesunde Weise kaum bewältigen kann und die zu Selbstbestrafung bis hin zur Selbstverletzung führen können.

Der innere Kritiker generiert Gedanken über uns selbst, über die Welt und über die anderen. Und es ist schwerer als gedacht, diese loszuwerden. Aber es ist möglich! Es sind Gedanken, die im Laufe unseres Lebens im Gehirn durch viele Wiederholungen eingespeichert wurden. Es handelt sich dabei um Werte, Einstellungen und Überzeugungen, die wir aufgrund bestimmter Erfahrungen im Umgang mit unseren Bezugspersonen, Mitschülern, Lehren, Geschwistern etc. übernommen haben. Ein Kind, das in der Schule gemobbt wird, als dumm, fett und hässlich beschimpft wird, wird dies aufgrund jahrelanger Erfahrung mit aller Wahrscheinlichkeit nach irgendwann selbst von sich denken. Es hat die abwertenden Worte verinnerlicht. Meist passiert so etwas, ohne dass wir es bemerken. Und diese Gedanken, diese Sammlung an Überzeugungen bestimmen dann unser Verhalten und beeinflussen unsere Gefühle. Der erwachsene Mensch behandelt sich so, wie ihn die hänselnden Mitschüler, Lehrer, Eltern oder sonstige Bezugspersonen stets behandelt haben. Er übernimmt deren Meinung von sich, bestraft sich, wertet sich ab, hasst sich und ist grausam zu sich. Laut wissenschaftlicher Studien gibt es einen Zusammenhang zwischen dieser Selbstkritik und depressiven Symptomen sowie Hinweise darauf, dass anhaltende Selbstkritik uns anfälliger für depressives Erleben macht.[33]

Eine Patientin, deren innerer Kritiker immer wieder »Du bist hässlich, fett und eklig!« schrie, versuchte alles, um ihren Körper zu verändern. Angetrieben von Selbsthass und Selbstverachtung hungerte sie, trieb exzessiv Sport und erlöste sich von den hässlichen Gefühlen häufig durch Alkohol. Doch egal, wie sehr sie sich anstrengte, für den inneren Kritiker war es nie genug. Verzweiflung, Traurigkeit, noch mehr Selbsthass und ein noch geringerer Selbstwert waren die Folge. Solange sich ihre Gedanken nicht änderten, veränderten sich auch die schmerzlichen Gefühle nicht. Sie war hilflos und konnte keine gesunden Strategien finden, um mit ihren Gefühlen umzugehen. Stattdessen fügte sie sich Schaden zu beim Versuch, ihre Gefühle zu verdrängen und zu betäuben. Als Kind und Jugendliche war sie ein wenig übergewichtig gewesen. Sie war von einer Mitschülerin immer gehänselt und beschimpft worden. Deren Worte »Du bist fett und hässlich« hatten sich tief in ihr Gedächtnis eingebrannt. Sie hatte sie zu ihren eigenen gemacht. Der innere Kritiker versuchte, sie zu schützen, wie wir im Laufe der Therapie herausfanden, spornte sie an, eine perfekte Figur zu entwickeln, um nie wieder solchen Anfeindungen ausgesetzt zu sein. Anstatt sie zu schützen, schoss er aber über das Ziel hinaus und quälte sie mit strafenden Gedanken. Er trieb sie in die Verzweiflung. Sie kam schließlich in die Therapie mit einer Essstörung und Depressionen. Die Therapie war der erste Schritt, gegen diese alten Überzeugungen anzukämpfen und den inneren Kritiker in seine Schranken zu weisen.

Gefühle von Selbsthass und Selbstverachtung kann und sollte man nicht annehmen. Die gesunde Bewältigung besteht darin, ihre Quelle auszutrocknen. Es geht darum, destruktive Überzeugungen über sich selbst kritisch zu hinterfragen. Wieso glaube ich, nichts wert zu sein? Wer sagt das? Ist das wirklich wahr? Manchmal sind strafende und kritische Gedanken der Versuch unserer Psyche, uns vor weiteren Verletzungen zu schützen. Letzten Endes entscheiden wir immer selbst, wie wir mit uns umgehen und was wir über uns denken. Realistische Selbstkritik gehört dazu, sollte jedoch stets wohlwollend und wertschätzend ausfallen. Es gibt keinen Grund, sich abzuwerten, sich zu beschimpfen oder grausam mit sich zu sein.

Gedanken kann man nicht unterdrücken. Es ist wie mit dem rosaroten Elefanten – wenn wir versuchen, nicht an ihn zu denken, denken wir ganz automatisch an ihn. Auch den inneren Kritiker bringen wir nicht zum Schweigen. Tatsächlich ergibt es Sinn, ihm erst einmal zuzuhören, um ihn dann infrage zu stellen. Frage deinen inneren Kritiker, warum er das tut. Warum sagt er dir solche Dinge? Was will er damit bezwecken? Und woher stammen diese Überzeugungen? In einem zweiten Schritt entscheide dich, ihn leiser zu drehen, wo es angebracht ist. Entscheide dich, ihm nicht mehr zu glauben. Entscheide dich, anders mit dir umzugehen. Frage dich, was es dir bringt, grausam und abwertend mit dir selbst zu sprechen. Spornt es dich an oder lähmt es dich? Gibt es dir Energie oder raubt es dir die Energie? Wenn diese Gedanken lähmend, energieraubend und deprimierend sind, dann ist die Antwort auf die Frage, wozu sie hilfreich sind: zu nichts. Eine innere Stimme, die abwertend, strafend und grausam ist, hat keinerlei Nutzen. Sie spornt uns nicht zu besserer Leistung oder schönerem Aussehen an. Sie deprimiert uns. Sie lähmt uns. Sie macht uns krank.

Eine Stimme, die moderate und gut gemeinte Selbstkritik äußert, kann hingegen auch eine Schutzfunktion haben oder uns motivieren, uns zu verändern. Es ist wichtig, genau hinzuhorchen, in welchem Tonfall der innere Kritiker spricht und was er sagt, um den richtigen Umgang mit ihm zu finden. Sätze wie »Du bist dumm, fett und hässlich« sind weder konstruktiv noch motivierend, sie lösen lediglich belastende Gefühle aus. Sie spornen uns nicht zu einer gesunden Veränderung an. Resignation, Rückzug und ungesunde Bewältigungsstrategien sind die Folge. Um sich anzuspornen und zu motivieren, ist es notwendig, die Gedanken zu verändern. Es geht nicht darum, eine rosarote Brille aufzusetzen und unrealistische Bewertungen im Sinne von »Ich bin die tollste und schönste und klügste Person auf dieser Erde« zu generieren. Sinnvoller ist es, eine realistische Perspektive zu entwickeln. Dazu ist es notwendig, ein Gespräch mit der Realität und dem inneren Kritiker zu führen. Einmal genau zu prüfen, womit er recht hat, ihn aber dann zu einem freundlicheren Umgangston zu bewegen. Das bedeutet, Selbstakzeptanz für alle Schwächen und Fehler zu entwickeln und eine realistische Selbsteinschätzung vorzunehmen. Nimm dich so an, wie du bist, mit all deinen Schwächen und Fehlern, mit allen Facetten, und verbessere oder verändere dich dort, wo du es willst und kannst. Lerne, deine Gedanken kritisch zu hinterfragen, und entscheide, welchen du deine Aufmerksamkeit schenken willst. Gedanken sind nur Gedanken und haben wie Gefühle einen Anfang und ein Ende. Wenn ich sie als Stimmen des inneren Kritikers identifiziere, überprüfe ich sie und entscheide mich bewusst, sie zu akzeptieren oder zu korrigieren.

Wenn der innere Kritiker recht hat, man zum Beispiel wirklich zu viel auf den Rippen hat, sollte man mit Mut und Kraft eine Veränderung anstoßen. Was könnte ein alternativer Gedanken sein? »Hey, du bist wunderschön und hast eine super Figur!« – das würden wir uns nicht glauben. »Hey, du bist okay. Und wenn du dich wohler fühlen willst, dann achte besser auf dich. Geh regelmäßig zum Sport, ernähre dich gesund. Sei gut zu deinem Körper.«

Im Umgang mit dem inneren Kritiker ist es wichtig, sich Fehler einzugestehen, Schuld anzunehmen, um Verzeihung zu bitten, aus Fehlern zu lernen und den Mut zur Veränderung zu haben. Denn wir bestimmen selbst, wie wir mit Fehlern und Misserfolgen umgehen. In jeder Krise liegt eine Chance. Aus jedem Fehler lässt sich etwas lernen. Ein »Es tut mir leid.« genügt manchmal schon, um aus dem Sumpf aus Wut, Scham und Verbitterung herauszukommen. Fehler sind erlaubt und meist korrigierbar. Schwächen sind menschlich.

ÜBUNG Den grausamen Kritiker in seine Schranken weisen

Beobachte deine Gedanken. Versuche, dich dabei zu erwischen, wenn du dich abwertest oder grausam zu dir sprichst.

Sage deinem inneren Kritiker, dass er nicht hilfreich ist und auch nicht recht hat. Frage ihn, was er damit bezwecken will. Sage ihm, er soll sich auf den Rücksitz setzen, denn du bist jetzt am Steuer.

ÜBUNG Dem konstruktiven Kritiker zuhören

Beobachte deine Gedanken. Versuche, dich dabei zu erwischen, wenn du dich kritisierst. Schreibe die Argumente des inneren Kritikers auf und prüfe jedes einzelne, ob es konstruktiv ist oder grausam und unnütz.

Wenn dein innerer Kritiker grausam ist, kehre zur ersten Übung zurück. Wenn du zu dem Schluss kommst, dass seine Kritik konstruktiv ist, überlege dir, was du an dir oder der Situation ändern kannst, und tue dies voller Kraft und Mut.

10 Erfolgreich mit dem inneren Antreiber verhandeln

Der Perfektionist, der innere Antreiber, der Unerbittliche, der Leistungssüchtige oder wie auch immer wir ihn nennen, ist ein weiterer Mitspieler in unserem Gehirn, der ebenfalls negative Gefühlswellen auslösen kann. Vorrangig versucht auch er, uns vor schmerzhaften und unangenehmen Gefühlen zu schützen. Denn der innere Antreiber hat Angst vor Strafe, Scham, Schuld und Scheitern. Er fürchtet das Gefühl der Minderwertigkeit und ist süchtig nach Kontrolle. Kontrollverlust macht ihm Angst.

Die Angst vor den Gefühlen Scham, Schuld, Minderwertigkeit und Scheitern kann ein Motor für herausragende Leistung sein und der innere Antreiber oder Perfektionist ist derjenige, der zum Schutz des eigenen Selbstwerts vom Gehirn engagiert wurde. Scham, Minderwertigkeit, Scheitern, Strafe? Der innere Antreiber lässt dies um keinen Preis zu. Wie ein unerbittlicher Aufseher treibt er seine Schützlinge vor sich her. Höher, schneller, weiter, der Sicherheit, dem Erfolg und der Zufriedenheit entgegen bis hin zur totalen Erschöpfung, zum Breakdown, zum Burn-out. Bis das Rennpferd vor Erschöpfung kurz vor dem Ziel zusammenbricht. Der innere Antreiber ist eine Instanz in unserer Psyche, die uns ansporrnt, zu leisten, effektiv und effizient zu sein. Perfekt zu sein. Per se ist dies gut, denn es motiviert uns, Ziele zu erreichen und die notwendigen Schritte mit dem richtigen Quäntchen an Durchhaltevermögen zu gehen. Bekommt der innere Antreiber aber freie Hand, ist er nur von Angst getrieben und aus einer frühen Verletzung heraus entstanden, wird es schnell gefährlich. Mit guter Miene zum bösen Spiel kann der innere Perfektionist massiven Schaden anrichten. Vordergründig ist die Motivation, Bestleistungen zu erzielen, nicht zu verurteilen. Aber wenn ein massiver innerer Zwang herrscht, immer Höchstleistung bringen zu müssen, weil ansonsten schlimme Gefühle wie Scham, Minderwertigkeit, Ablehnung oder Scheitern drohen, wird das System sich irgendwann selbst zerstören. Vor allem wird es gefährlich, wenn wir dabei rigide und unflexibel sind. Wenn Genuss, Freude, Entspannung, Erholung und Ruhephasen nicht mehr erlaubt sind, also alle Quellen angenehmer und lebendiger Gefühle von ihm ausgetrocknet werden. Keine Zeit für Ruhe, Erholung oder Entspannung? Dann hat dein innerer Antreiber dich schon fester im Griff, als du denkst.

Den inneren Antreiber oder Perfektionisten kennen die meisten Menschen vor allem im schulischen oder beruflichen Kontext, bezüglich eigener sportlicher Leistung oder Körper, Gewicht und Aussehen, aber auch in Beziehungen ist er zu finden. Man ist vertraut mit dieser Stimme im Kopf, die nie zufrieden ist, die einen antreibt, perfekt zu sein, die einen motiviert, schlank zu sein, die einen anfeuert zur nächsten Beförderung, die einen nie loslässt. Irgendwann ist man im Klammergriff des Perfektionisten gefangen. Dieser innere Zwang erstickt viele leichte und schöne Gefühlswellen im Keim. Manchmal wünscht man sich, nicht mehr leisten zu müssen, denn genau so fühlt es sich an. Man muss, man kann nicht anders. Aber warum kann man eigentlich nicht mehr anders? Warum muss man eigentlich?

Die Antwort ist Angst – vor negativen Gefühlen, Angst, sich zu schämen, sich nicht gut genug zu fühlen. Die Angst ist der Motor. Der eigentliche eitrige Zahn ist allerdings der Selbstwert, denn wenn dieser fragil oder schwach ist, hat die Angst erst den Nährboden, um zu wachsen. Das Gefühl oder die bizarre Vorstellung, dass wir nur dann geliebt werden, Anerkennung bekommen und uns selbst etwas wert sind, wenn wir besonders sind, wenn wir schlank sind, wenn wir sportlich sind, wenn wir leisten, besonders viel geben und aufopfernd sind, wenn wir perfekt sind, hält uns fest in diesem inneren Gefängnis. Kommt es aller Anstrengungen zum Trotz dennoch zum Scheitern, zu Fehlern, bestrafen wir uns, werten uns ab, machen uns nieder, verurteilen uns ohne Mitgefühl. Die schambesetzte und minderwertigkeitsdurchtränkten Gefühlswellen drohen zu brechen. Der gewählte Fluchtweg vor der Überschwemmung ist oft die Depression, der Alkohol, die Essstörung oder die Selbstverletzung.

Im Würgegriff des inneren Antreibers zu sein und seinen Befehlen zu folgen, ist also auf paradoxe Art und Weise auch eine Schutzstrategie vor unangenehmen Gefühlen. Er suggeriert uns Dinge wie »Nur wenn du Leistung bringst, wirst du geliebt«, »Nur wenn du perfekt bist, bekommst du Anerkennung«, »Nur wenn du dünn bist, bist du etwas wert«, »Du musst Karriere machen«, »Du musst besser sein als die anderen«, »Du darfst keine Fehler machen, sonst lachen die anderen über dich«, »Sei perfekt, dann bist du unangreifbar« Wenn man solche Sätze den ganzen Tag hört, beginnt man irgendwann, sie zu glauben. Uneingeschränkter Gehorsam ist die Folge. Funktionieren. Leisten. Hungern. Trainieren. Sich disziplinieren. Sich selbst optimieren. Lebensfreude und Leichtigkeit eliminieren.

Die beste Therapie gegen einen ungesunden Leistungsantreiber wäre es, zu »scheitern« und dabei zu merken, dass man trotz schlechter Noten, mit mehr Gewicht auf der Waage und ohne den nächsten Karriereschritt geliebt, anerkannt und wertgeschätzt wird. Doch das trauen wir uns meist nicht – und müssen es auch nicht. Es gibt eine einfachere Lösung: indem wir lernen, den inneren Antreiber an die Leine zu nehmen, mit ihm erfolgreich zu verhandeln und ihn gezielter einzusetzen.

Wir haben inzwischen gelernt, dass es im Umgang mit der Angst hilfreich sein kann, sich ihr zu stellen, anstatt alles dafür zu tun, sie zu vermeiden. Ein Beispiel: Der innere Antreiber bringt dich dazu, Präsentationen akribisch vorzubereiten und eine perfekte Performance abzuliefern. Aus Angst, dich zu blamieren, hast du deinen ganzen Vortrag auswendig gelernt. Sinnvoll wäre es nun, sich auf die nächste Präsentation weniger vorzubereiten und Zeit und Engagement auf 80 Prozent runterzuschrauben. Vermutlich tritt keine deiner Befürchtungen ein und du wirst trotzdem eine gute Leistung abliefern. Scheiterst du hingegen und wirst schlecht bewertet, ergibt sich daraus die Chance, mit den Gefühlen von Scham und Minderwertigkeit einmal auf andere Weise umzugehen. Denk an unser 7-Schritte-Programm zum Surfen schmerzhafter Gefühle. Kannst du trotz geringeren Aufwands dieselbe Leistung abrufen, hast du einen wichtigen Lerneffekt erzielt und dich aus dem Klammergriff des inneren Antreibers befreit.

Es gibt Lebensphasen, in denen man Gas geben muss – die Schule, die Ausbildung oder das Studium abschließen, den nächsten Karriereschritt schaffen, Kinder und Beruf unter einen Hut bekommen … Der innere Antreiber hilft uns dabei, deshalb wollen wir ihn nicht ganz abschaffen, sondern an die Leine nehmen und seine Zwecke gezielt, bewusst und flexibel einsetzen – jedoch nicht in der rigiden, starren, zwanghaften Form, wie oben beschrieben, die oft im Burn-out endet. Zunächst einmal ist es wichtig, den inneren Antreiber zu entlarven. Horch mal hin und beobachte, was er dir tagtäglich so befiehlt. Typischerweise fangen diese Sätze an mit »Du musst …«, »Du sollst …« oder »Du darfst nicht …«.

ÜBUNG Erfolgreich mit dem inneren Antreiber verhandeln

Entlarve deinen inneren Antreiber und geh mit ihm in den Dialog. Handle Kompromisse mit ihm aus. Versuche zu verstehen, was er mit seinen Sätzen bei dir bezwecken will, und erkläre ihm, warum manche Dinge nicht zielführend sind. Erkläre ihm, an welchen Stelle er dir Schaden zufügt. Schlage ihm vor, ein paar Dinge lockerer anzugehen.

ÜBUNG Die »Scheiß-drauf-Tablette«

Wann immer du dich von deinem inneren Antreiber oder Perfektionisten bedrängt fühlst, keine Kraft mehr hast, gegen ihn anzukämpfen, und zu dem Schluss gekommen bist, dass er nicht recht hat mit dem, was er sagt, dann stell dir vor, du würdest die Scheiß-drauf-Tablette einnehmen, die dafür sorgt, dass du gelassener mit der Situation umgehst. Sie hilft dir zu sagen: »Es ist egal, ob ich jetzt die Beste, Dünnste, Klügste oder Erfolgreichste bin. Ich trau mich, einfach ich zu sein«, ohne den Zwang zur Höchstleistung. »Scheiß drauf, ich tu, was ich kann, und das muss reichen.«

11 Leben, anstatt immer nur zu funktionieren

»Ich funktioniere eigentlich nur noch.« Dieser Satz fällt in einer psychotherapeutischen Praxis oft. Nur noch zu funktionieren bedeutet, das Leben einfach nur mehr abzuarbeiten. Aufgaben zu erledigen, Pflichten zu erfüllen, Verantwortung zu übernehmen und den Alltag zu organisieren, ohne dabei etwas zu fühlen. Gefühlsleere. Es bedeutet, sich selbst zurückzunehmen, die eigenen Bedürfnisse in den Keller zu sperren, sie tief im Inneren zu vergraben. Da ist kein Platz für Gefühle, kein Platz für Bedürfnisse, kein Platz für Genuss. Erholung und Entspannungsphasen werden ausgelassen oder gar abgeschafft. Das Ergebnis ist der Verlust der Lebendigkeit und aller angenehmen Gefühlswellen, denn verdrängt oder vermeidet man die schmerzhaften Gefühle, verliert man auch den Zugang zu den positiven Empfindungen. Man kann sich gut vorstellen, dass dieser Modus ein Wegbereiter ins Burn-out oder sogar in die Depression ist.

Wer die Strategie des Funktionierens für sich perfektioniert hat, der geht wie ein Roboter durchs Leben: leer, gefühllos, freudlos, aber durchaus effizient. Es dauert meist nicht lange und eine bleierne Erschöpfung macht sich breit. Diese Art der Gefühlsbewältigung ist perfektionierte Selbsttäuschung. Körperliche Beschwerden wie Magen-Darm-Probleme, Schmerzen, Schwindel, Schlaflosigkeit oder Tinnitus lassen nicht lange auf sich warten, wenn ein Mensch sich anhaltend überfordert, werden aber über lange Zeit ignoriert. Der Funktionsmodus ist eine Spezialform der Gefühls- und Bedürfnisvermeidung. Er ist eine Art Schutzanzug, den man sich im Überlebenskampf anzieht, wenn man keine Kapazitäten mehr hat, Gefühle zu bewältigen, und einem alles zu viel wird. Er ist eine Überlebensstrategie. Er ist wie eine Art Superkraft, die alle restlichen Reserven mobilisiert, um zu überleben. Falsch und über einen langen Zeitraum angewandt, kann der Funktionsmodus großen Schaden anrichten. Der Preis dafür ist ein Gefühl tiefer Sinnlosigkeit. Haben wir uns dauerhaft im Funktionsmodus eingerichtet, sind wir zum Teil überhaupt nicht mehr fähig, etwas anderes als das Funktionieren zu erleben. Das Gehirn beschränkt sich auf diesen Modus. Andere Netzwerke werden sprichwörtlich nicht mehr genutzt. Man könnte auch sagen, das Gehirn verkümmert auf diese Weise.

Im Funktionsmodus lässt es sich für eine lange Zeit leben und zurechtkommen, bevor man zusammenbricht. Man realisiert eines Tages, dass das Leben winkend an einem vorüberzieht. Man schaut dem eigenen Leben nur noch zu, während man brav und funktionierend alle Aufgaben und Pflichten abarbeitet, sich jedoch innerlich leer fühlt. Emotionale Schwingungsfähigkeit gibt es nicht mehr, bis man sich fragt, wann man eigentlich das letzte Mal glücklich war. Die Lebendigkeit hat sich hinter dem Funktionsmodus versteckt und findet sich nun selbst nicht mehr. Dieser Prozess ist ein Trauerspiel in vielen Akten. Denn bis wir uns völlig im Funktionsmodus aufgelöst haben, bedarf es einiger Übung. Funktionieren muss schließlich perfektioniert werden. Hier bleibt kein Raum für Kreativität, für Lebendigkeit oder Nähe. Meist geht das Funktionieren einher mit einer Fassade. Und wenn das Funktionieren nicht mehr funktioniert und die Fassade zerbricht, kommt die Krise. In der Krise aber liegt die Chance, sich zu befreien. Denn Körper und Seele haben die Krise als eine Art Notbremse ausgelöst, um zu sagen, dass sich etwas ändern muss. Dass man den Kurs ändern und sich auf sich selbst besinnen muss. Keine Sorge, es bedeutet nicht, dass man nicht mehr leistungsfähig ist, wenn man seinen Funktionsmodus mal ablegt.

Wer hat mir eigentlich gesagt, dass ich perfekt funktionieren muss? Wer macht den Druck und die Regeln? Wer gibt das Tempo vor? Ich selbst. Und die Gesellschaft. Leider. Deshalb ist es mehr als verständlich, dass wir uns den Funktionsmodus angeschafft haben. Aber müssen wir ihn wirklich nonstop eingeschaltet haben? Viele Menschen haben Angst davor, die Fassade abzubauen. Dabei kann ein offenes Gespräch darüber, dass man am Ende seiner Kräfte ist, sehr entlastend sein. »Ich sehe, dass du eigentlich überhaupt nicht mehr kannst« ist ein Satz, mit dem die Fassade vielleicht von außen gesprengt werden kann.

Wir müssen den Funktionsmodus nicht vollständig aufgeben. Wir sollten jedoch versuchen, eine Fernbedienung für ihn zu finden, sodass wir ihn nur dann nutzen, wenn wir ihn wirklich brauchen: in Ausnahmesituationen. Um ihn flexibler einsetzen zu können, sollten wir uns fragen, was passieren würde, wenn wir einen Gang zurückschalten. Was wäre dann? Danach sollten wir uns langsam herantasten an eine schrittweise Veränderung unseres Verhaltens. Dazu gehört es, Gefühle der Erschöpfung und Überforderung auszusprechen, um Hilfe zu bitten, Aufgaben auch mal liegen zu lassen und bewusst Pausen in den Alltag einzubauen, sodass Raum für Leben und Lebendigkeit entstehen kann. Stell dich der Angst vor dem Kontrollverlust und trau dich, etwas zu verändern. Befreie dich von den Fesseln des Funktionierens und finde den Mut, wieder zu fühlen, wieder zu leben. Du bist selbst dafür verantwortlich.

TIPPS um den Funktionsmodus abzuschalten

- Sprich offen über die Gefühle der Erschöpfung.
- Bitte um Hilfe und suche dir Unterstützung.
- Stell eigene Leistungsansprüche infrage.
- Lass das Telefon sprichwörtlich einfach mal klingeln.
- Plane Pausen und Erholungsphasen ein.
- Nimm dir bewusst eine Auszeit.
- Räume am Feierabend, am Wochenende und im Urlaub Arbeitsmaterial beiseite und außer Sichtweite.
- Führe Rituale zur Entspannung ein.
- Plane Zeit für Selbstfürsorge ein.

Teil IV

Leichtigkeit und Lebendigkeit zurückgewinnen

12 Mit Gewohnheiten brechen

Wie kann man nun Lebendigkeit und Leichtigkeit zurück ins Leben bringen, die schönen und die erfüllten Gefühlswellen fördern und mehr genießen? Freude, Glück, Entspannung, Zufriedenheit, Aufregung, Überraschung, Euphorie, Geborgenheit, Lebendigkeit – im Alltag, das müssen wir wahrscheinlich zugeben, sehen wir wenige dieser Gefühlswellen. Dennoch streben wir alle danach. Wir wollen die positiven Gefühle in der Regel nicht verdrängen, vermeiden oder betäuben. Im Gegenteil: Oft möchten wir sie erhalten, ihnen Bestand zu verleihen. Das Ende einer solchen Welle ist schwer zu akzeptieren. Deshalb versuchen wir manchmal zwanghaft, daran festzuhalten, und sind frustriert, wenn uns dies nicht gelingt. Um mehr Leichtigkeit und Lebendigkeit ins Leben zu bringen, gibt es ein paar kleine Rezepte. Die Zutaten sind Akzeptanz für Gefühle und schwierige Lebensumstände, Selbstmitgefühl, Selbstfürsorge, die Erlaubnis, aus dem Alltag auszubrechen und auch mal Kind sein zu dürfen. Kannst du dich daran erinnern, was dir als Kind Spaß gemacht hat? Bei welchen Aktivitäten warst du unbeschwert, hast dich frei und lebendig gefühlt? Mach dich auf die Suche nach den Dingen, die dir Lebendigkeit ins Leben bringen. Viele Menschen erleben solche Momente des kindlichen Glücks mit Tieren oder Kindern, beim Spielen und Rumalbern. Mit Humor. Als Erwachsener muss man nicht immer seriös, ernst und kontrolliert sein. Loslassen und Kind sein dürfen hilft manchmal sehr dabei, das Leben wieder schön zu finden. Spiel, Spaß und Spontanität sollen einen Platz im Leben haben dürfen und bieten einen guten Ausgleich zu Belastungen und Stress sowie negativen Gefühlen wie Scham, Schuld oder Scheitern und all den anderen schweren Gefühlen, mit denen wir uns tagtäglich rumschlagen müssen.

Um Leichtigkeit und Lebendigkeit zu nähren und wieder unbeschwert fühlen zu können, ist es hilfreich, ab und zu aus dem Alltagstrott auszubrechen. Genauer gesagt, mit Gewohnheiten zu brechen. Mal etwas ganz anderes als sonst zu machen oder etwas völlig Neues auszuprobieren. Es ist erlaubt, im Hier und Jetzt Spaß zu haben, loszulassen, auch wenn die Zukunft Sorgen oder die Vergangenheit Schmerz bereitet. Das Gehirn ist zwar in gewisser Weise faul und arbeitet gern energiesparend, aber im Grunde liebt es das Neue und Unbekannte, obwohl der innere Schweinehund und die Angst dagegen ankämpfen. Wenn wir mit unseren Gewohnheiten brechen, nutzen wir im Gehirn andere Nervenbahnen als im Alltagstrott. Und das eröffnet Möglichkeiten: Neue Eindrücke und Erfahrungen führen zu anderen Verhaltensweisen und alternativen Gedanken. Dass dies positive Gefühle hervorbringt, erscheint naheliegend. Wenn also alles nur noch grau und leer und die vorherrschende Stimmungslage trüb ist, wird es Zeit für Veränderungen! Was gibt es zu verlieren? Probiere etwas Neues aus. Gib deinem Gehirn Futter. Es wird dich mit Glückshormonen belohnen.

ÜBUNG Das innere Kind aus dem Keller lassen

Erlaube dir, Kind sein zu dürfen. Sei albern, trau dich!

Integriere Spiel, Spaß und Spontanität in dein Leben und mach etwas, das du als Kind gern getan hast.

ÜBUNG Mit Gewohnheiten brechen

Was wolltest du schon immer mal machen? Tu es!
Probiere etwas Neues aus!
Mach mal etwas ganz anders als sonst!
Füttere dein Gehirn mit etwas Neuem: Probiere eine neue Sportart aus, besuche einen Kunstkurs, mach einen Ausflug an einen dir unbekannten Ort usw.

13 Achtsamkeit

Wir Menschen halten uns selten bewusst im Hier und Jetzt, also in der Gegenwart, auf. Unser Gehirn ist ein großer Fan von Zeitreisen. Gern vergräbt es sich in der Vergangenheit oder reist in die Zukunft. Was wäre, wenn …? Warum habe ich bloß …? Hätte ich doch …! Diese Ausflüge in andere Zeiten kann man im Allgemeinen als Grübeln oder Sorgen bezeichnen. Im Prinzip ist das eine kluge und notwendige Strategie unseres Gehirns, aus Fehlern in der Vergangenheit zu lernen und uns mental auf alle möglichen künftigen Herausforderungen und Gefahren adäquat vorzubereiten. Wie viele Programme, die in unserem Gehirn ablaufen, hat aber auch dieses ausgeklügelte System seine Schattenseiten und Nebenwirkungen. Problematisch wird es, wenn die Zeitreisen dazu führen, dass wir uns von uns selbst entfremden, uns in der Gegenwart nicht mehr spüren und quälende Gefühle dadurch ausgelöst werden.

Auch hier kann man sagen, es ist eine Art Schutzstrategie, sich gedanklich in der Vergangenheit oder in der Zukunft aufzuhalten. Allerdings nur, wenn dies konstruktiv geschieht. Hierbei ist es wichtig, zwischen Grübeln und Problemlösen zu unterscheiden. In der Vergangenheit zu grübeln, führt nie zu einer Lösung. Es ist ein gedanklicher Prozess, der sich im Kreis dreht. Wenn ich aber konstruktiv in die Vergangenheit blicke, im Sinne der Problemlösung, mir zum Beispiel Schuld eingestehe, aus meinen Fehlern lerne und den Mut finde, es künftig anders zu machen, dann ist der Prozess sinnvoll, konstruktiv und notwendig für eine optimale Anpassung an die Gegenwart und zur Vorbereitung auf die Zukunft. Statt endlos zu grübeln, sollten wir also eher eine Rückschau auf die Vergangenheit machen, mit dem Ziel, etwas daraus zu lernen. Gleiches gilt für Zukunftssorgen. Wenn sich die Gedanken im Kreis drehen und es keine Lösung gibt, werden sie schnell zur emotionalen Belastung. Die permanente gedankliche Beschäftigung mit Vergangenheit und Zukunft kann sehr belastend sein, bis hin zu einem Gefühl der Entfremdung und Gefühllosigkeit. Auch Depressionen und Angststörungen nähren sich aus Grübeln und Sorgen.

Eine Strategie, um das Verweilen in der Gegenwart zu trainieren, ist die Achtsamkeit. Achtsamkeit ist eine Kernkompetenz beim Umgang mit negativen Gedanken und Gefühlen. Achtsamkeit ist wie ein Muskel, den man trainieren kann und muss, um Gefühle auf gesunde Weise surfen zu können.

Aber was bedeutet Achtsamkeit eigentlich und warum hat sie in den letzten Jahren so einen Hype erfahren? Es gibt zahlreiche Bücher, Online-Kurse, Coachings, Podcasts, Apps und vieles mehr zum Thema. Am häufigsten wird der Begriff der Achtsamkeit mit der Meditation oder genauer genommen mit der Atemmeditation in Verbindung gebracht. Bewusst und achtsam ein- und wieder ausatmen. Aber Achtsamkeit ist viel mehr als nur die bewusste Atmung. Meditation ist eine Praxis, mit der man Achtsamkeit üben kann. Achtsamkeit bedeutet zunächst einmal nur das Gewahrsein im gegenwärtigen Augenblick, ohne dass man sich dabei in einer Meditationsübung befinden muss. Es bedeutet, im Hier und Jetzt zu sein, wahrzunehmen, ohne zu bewerten, und nicht haften zu bleiben an Gedanken, Gefühlen oder äußeren Eindrücken. Wir müssen uns dabei nicht stundenlang mit einem Kissen auf dem Boden die Beine verbiegen und mit geschlossenen Augen angestrengt das Nichtdenken üben. Achtsamkeit geht auch im Alltag.

Die gesundheitsfördernden Aspekte der Achtsamkeit wurden in den letzten Jahren in zahlreichen wissenschaftlichen Studien gut untersucht. Es zeigte sich, dass Menschen, die regelmäßig Achtsamkeit trainieren, in bestimmten Gehirnregionen, die mit emotionaler und gedanklicher Kontrolle assoziiert sind, eine höhere Aktivität aufwiesen als Menschen, die dies nicht tun. Studienergebnissen zufolge verändert sich das Gehirn, wenn wir regelmäßig Achtsamkeit trainieren.[34] Die Wissenschaft hat sich in den letzten Jahren intensiv mit dem Thema Achtsamkeit und Meditation auseinandergesetzt und viele Studien wiesen positive Effekte von regelmäßigem Achtsamkeitstraining oder Meditation auf unsere psychische Gesundheit nach, zum Beispiel konnte eine Reduktion von depressiven Symptomen durch regelmäßiges Achtsamkeitstraining gezeigt werden.[35] Versuchen wir, Gefühle und damit assoziierte körperliche Empfindungen zu vermeiden, laufen wir Gefahr, am Ende von ihnen überrollt zu werden. Das achtsame Wahrnehmen unseres Innenlebens eröffnet uns neue Einsichten und die Möglichkeit, darauf andere Perspektiven und Reaktionen zu entwickeln. Bleiben wir mit unseren Gefühlen im Hier und Jetzt und hören wir damit auf, vor ihnen zu fliehen, können wir daran wachsen. Achtsamkeit hilft uns dabei. Durch das Training lernen wir, die Zeitreisen unseres Geistes zu unterbrechen, denn nur im Hier und Jetzt können wir unser Leben aktiv gestalten und Lebendigkeit erfahren. Durch Achtsamkeit verbessert sich außerdem unsere Fähigkeit, Gefühle bewusst wahrzunehmen, denn Fühlen geschieht in der Gegenwart.[36] Wir schulen damit unseren Aufmerksamkeitsscheinwerfer und lernen, ihn bewusst zu kontrollieren. Wir stärken damit die Fähigkeit, Gefühle zu erkennen, sie aber auch wieder loszulassen. Achtsamkeit heißt beobachten, ohne zu werten, und zu akzeptieren, was gerade ist, ohne es ändern zu wollen. Ein Gefühl zum Beispiel einfach da sein zu lassen, es wahrzunehmen, ohne einen Versuch zu unternehmen, es zu beseitigen. Üben lässt sie sich am einfachsten im Alltag über die Atmung oder unsere Sinneswahrnehmungen. Gefühlswellen können so achtsam, akzeptierend und ohne Wertung beobachtet werden. Man schaut den Wellen zu und vielleicht werden sie mit der Zeit sanfter. Das Schöne ist, achtsamkeitsbasierte Techniken lassen sich leicht und ohne Aufwand in unseren Alltag integrieren und sie leisten einen großen Beitrag zur Steigerung des allgemeinen Wohlbefindens. Für den Einstieg findest du hier ein paar Übungen.

ÜBUNG Atemmeditation

Mach es dir bequem. Schließ die Augen, wenn du kannst. Konzentriere dich für einen Moment auf deine Atmung. Nimm wahr, wie sich die Bauchdecke mit jedem Atemzug hebt und senkt. Wenn deine Gedanken abschweifen, bring sie sanft zur Atmung zurück. Versuche nicht, deinen Atem zu kontrollieren. Lass ihn fließen. Schweift dein Geist ab, dann beobachte deine Gedanken oder Gefühle für einen kurzen Moment, um dann mit der Aufmerksamkeit sanft zu deiner Atmung zurückzukehren.

ÜBUNG Achtsamkeit der Sinne und Achtsamkeit im Alltag

Übe in deinem Alltag, achtsamer wahrzunehmen, ohne dabei zu bewerten. Nutze dafür deine Sinne. Was siehst du in diesem Moment? Was hörst du in diesem Augenblick? Welche Gerüche nimmst du wahr? Was fühlst du auf deiner Haut? Konzentriere dich nacheinander auf die einzelnen Sinneskanäle.

Alltägliche Achtsamkeit lässt sich auch in Aktivitäten üben – achtsames Gehen, achtsames Zähneputzen, achtsamer Sex. Integriere eine achtsame Tätigkeit in deinen Alltag.

ÜBUNG Achtsamkeit für Gefühle

Versuche, deine Gefühle achtsam und ohne Wertung zu beobachten. Schau den Wellen eine Weile zu, ohne sie verändern zu wollen, bevor du dich an die aktive Bewältigung eines Gefühls machst.

14 Genuss

Genuss ist eine wahre Quelle angenehmer Gefühlswellen. Deshalb sollten wir ihn definitiv mehr in unser Leben einfließen lassen. Mit Genuss assoziieren wir Wohlbefinden, Freude, Lachen, Glück, Entspannung, Verbundenheit, Erholung und ein angenehmes Körpergefühl, dennoch gewähren wir uns im Alltag viel zu wenig davon. Genuss schafft einen Ausgleich zu Stress und wirkt als Puffer gegen negative Gefühlswellen. Genussübungen eignen sich also besonders zur Förderung von Wohlbefinden und einer gesunden Emotionsbewältigung. Im Strudel einer schmerzhaften Welle kann die Erinnerung an positives Erleben außerdem Hoffnung auf Besserung schaffen. Wenn die Waage auf der einen Seite nur Stress, Ärger und Sorgen anzeigt, müssen wir etwas auf die andere Seite legen, um im Gleichgewicht zu bleiben. Wo aber finden wir Genuss?

Wir empfinden Genuss, wenn wir bewusst und achtsam wahrnehmen, dass wir gerade etwas erleben, das uns guttut und uns gefällt. Das kann ein gutes Essen sein, eine warme Tasse Tee, ein Spaziergang in der Natur, eine Massage, Sexualität, ein gutes Gespräch, allein auf der Couch zu liegen und die Seele baumeln zu lassen, Musik, Kunst, Literatur und vieles mehr. Wo wir Genuss erleben, ist von Mensch zu Mensch unterschiedlich und hängt von den individuellen Vorlieben ab. Was aber allen Genussmomenten gemeinsam ist, ist die bewusste und achtsame Wahrnehmung des Moments. Wir können also die Strategie der Achtsamkeit, die wir im vorherigen Kapitel gelernt haben, hier gleich anwenden, um Genuss zu fördern.

Können wir genießen, werden wir wiederum automatisch achtsamer für die glücklichen und erfüllenden Momente im Leben. Wir lenken den Aufmerksamkeitsscheinwerfer auf die angenehmen Dinge und weg von Sorgen, Stress und Ärger. Genuss ist keine Gefühlsvermeidung. Es ist eine Konfrontation mit positiven Gefühlen, für die wir uns im Alltag für gewöhnlich zu wenig Zeit nehmen, die wir zu selten wahrnehmen und nicht genug wertschätzen. Das Angenehme und das Positive nehmen wir weniger bewusst und intensiv wahr wie das Negative und Schmerzhafte. Wir wollen, dass es bleibt, aber wir tun nichts dafür. Wenn unangenehme Gefühle auftauchen, dann setzen wir alle Energien frei und strengen uns an, sie zu beseitigen. Warum wenden wir diese Energie nicht auch auf, um Genuss, Achtsamkeit, Wohlbefinden und Entspannung ins Leben zu bringen oder zu erhalten? Eine Voraussetzung für Genuss ist Zeit. Ist es dir schon mal gelungen, ein schönes Essen im Vollstress zu genießen? Um Genuss und die damit verbundenen angenehmen Gefühle zu erleben, müssen wir das Tempo drosseln und innehalten. Wollen wir den angenehmen Gefühlswellen in unserem Leben mehr Raum geben, müssen wir uns aktiv dafür entscheiden. Genussübungen eignen sich im Übrigen auch gut, um aus dem Funktionsmodus rauszukommen.

ÜBUNG Genuss suchen und finden

Überlege dir, wo du Genuss im Leben finden kannst. Nimm dir dann gezielt Zeit für Genuss und erlebe ihn bewusst. Baue Genusszeiten in deinen Alltag ein. Genuss braucht Zeit!

ÜBUNG Der Genuss-Spaziergang

Mach einen kleinen Spaziergang und konzentriere dich auf all deine Sinne. Was kannst du riechen, hören, fühlen und sehen? Genieße den freien Moment, genieße deine Atmung, genieße alles, was du im Hier und Jetzt wahrnimmst, mit all deinen Sinnen.

15 Dankbarkeit

Eine bewusste Dankbarkeit im Leben geht wissenschaftlichen Erkenntnissen zufolge mit mehr Zufriedenheit, Glück sowie emotionalem Wohlbefinden einher und wirkt sich sogar positiv auf soziale Beziehungen aus.[37, 38] Dankbarkeit ist ein mentaler Zustand, der aus Gedanken, Gefühlen und Erinnerungen besteht und aktiv trainiert beziehungsweise praktiziert werden kann. Es gibt sogar eine wissenschaftliche Studie, die einen Zusammenhang zwischen Dankbarkeitsübungen am Abend und einer verbesserten Schlafqualität zeigen konnte.[39] Die Autoren der Studie erklären den gefundenen Zusammenhang über die Fokussierung der Gedanken weg vom Negativen, wodurch Sorgen oder Grübeln unterbrochen werden. Sich gedanklich mit Dankbarkeit zu beschäftigen, schützt demnach vor schlafstörenden Grübeleien.

Deine Freunde sind erfolgreicher, verdienen mehr Geld als du, sehen besser aus, sind laut Social Media deutlich beliebter und natürlich auch immer glücklicher als du? Traurige, neidvolle und ärgerliche Gefühle entstehen, wenn wir uns mit anderen vergleichen. Im digitalen Zeitalter tun wir das leider ständig. Ein wunderbares Gegengewicht dazu ist Dankbarkeit. Die Dankbarkeit ist eine echte und zudem gesundheitsfördernde Alternative zur abendlichen Vergleichsorgie in den sozialen Medien. Bei all dem Leistungs- und Erfolgsdruck kann man schnell vergessen, dass viele kleine und unscheinbare Dinge im Leben nicht selbstverständlich sind. Vielleicht probierst du mal eine Dankbarkeitsübung vor dem Schlafengehen aus und lässt das

Handy einfach aus. Am Ende des Kapitels findest du eine kleine Ideensammlung, wie du mehr Dankbarkeit in dein Leben bringen kannst.

Dankbarkeitsübungen können sicher keine Depression oder Angststörung heilen. Dazu braucht es intensivere und gezieltere Methoden, zum Beispiel eine Psychotherapie oder medikamentöse Unterstützung. Die Achtsamkeit für Dinge im Leben zu schärfen, für die man dankbar ist, oder die einem ein Lächeln ins Gesicht zaubern, kann aber das psychische Wohlbefinden für einen Moment verbessern, indem der gedankliche Fokus verändert wird und negative Gefühlswellen dadurch abgefedert werden. Es geht dabei um eine aktive und achtsame Lenkung der Aufmerksamkeit, um sich nicht anhaltend mit Mangel und Defiziten zu befassen, sondern kleine Dinge im Leben wieder bewusster wertzuschätzen. Wenn wir es schaffen, unsere Gedanken zu verändern und unsere Aufmerksamkeit bewusster zu steuern, hat das einen positiven Effekt auf unsere Gefühle. Es kann nicht schaden, dankbar zu sein. Wir können aktiv beeinflussen, was wir denken und wie wir uns verhalten. Und das hat Auswirkungen auf unser Erleben.

ÜBUNG Dankbarkeit bewusst praktizieren

Beginne den Tag mit einer Dankbarkeitsübung. Wenn du morgens im Bett zu Grübeleien und einem Stimmungstief neigst, versuche stattdessen darüber nachzudenken, wofür du in deinem Leben dankbar bist oder dankbar warst.

Alternative: Schreibe jeden Abend drei Dinge auf, für die du dankbar bist und warst.

ÜBUNG Dankbarkeit für sich selbst

Danke dir selbst. Danke deinem Körper dafür, was er jeden Tag leistet. Das ist nicht selbstverständlich. Mach dir bewusst, wie wertvoll dein Körper ist.

ÜBUNG Digitales Fasten

Probiere mal eine Zeit lang digitales Fasten. Es ist eine gute Ergänzung zur Dankbarkeit. Verzichte auf soziale Medien und beobachte, ob es dir damit besser geht. Alternativ: Folge den Menschen oder Kanälen nicht mehr, die bei dir unliebsame und unangenehme Gefühle wie Neid, Scham, Traurigkeit oder Ärger auslösen.

16 Glück und Zufriedenheit

Die Welle, auf der wir alle reiten wollen, heißt Glück. Was aber bedeutet eigentlich Glück und wie fühlt es sich an, glücklich zu sein? Wo spürst du es im Körper? Es sind nicht die großen Momente oder ständige Euphorie, die wir im Leben brauchen. Es sind die kleinen Dinge im Leben. Zahlreiche kleine Momente der Zufriedenheit, des Wohlbefindens, der Geborgenheit, der Liebe, der Freude, der Anerkennung, die Glückswellen auslösen können. Wenn es uns gelingt, achtsam zu sein auch für die kleinen Glücksmomente, werden sich Zufriedenheit und Wohlbefinden im Leben deutlich steigern lassen. Es kann die Biene sein, die vor deinem Fenster Blütenpollen sammelt, es kann die Sonne sein, die dir das Gesicht wärmt, ein gutes Essen, ein tiefgründiges Gespräch, eine ausgelassene Stimmung unter Freunden oder ein Spaziergang in der Natur. Wir sollten die kleinen Glücksmomente bewusster wahrnehmen und unseren Aufmerksamkeitsscheinwerfer auf die guten Seiten des Lebens richten. Setz dir mal eine andere Brille auf, mit der du durchs Leben gehen kannst und mehr Bewusstsein und Klarheit darüber gewinnst, was du magst, was du schön findest und was dir ein Lächeln ins Gesicht zaubert. Durch diese Brille wirst du deine Glücksmomente sehen können. Mach dich wie ein Detektiv auf die Suche nach ihnen. Schau mit einem neugierigen Blick auf die Welt, ohne das Negative dabei zu leugnen.

Aber auch auf der Suche nach dem Glück können unangenehme Gefühlswellen entstehen, denn beständig nach dem Glück zu streben kann sehr erschöpfend und frustrierend sein.

Wir alle jagen ihm hinterher, dabei ist Glück von Natur aus ein flüchtiger Zustand. Ähnlich wie unangenehme Gefühle haben die Wellen des Glücks einen Anfang und häufig auch ein schnelles ein Ende. Glücksmomente sind in der Regel sehr intensive und starke, aber auch kurzweilige Gefühlswellen. Sie festzuhalten und an ihnen anzuhaften, macht uns unfrei und ist anstrengend. Wir sollten versuchen, die Glücksmomente zu genießen, ohne uns daran klammern zu wollen, so wie wir es im Kapitel *Achtsamkeit* gelernt haben.

Es gibt einen Unterschied zwischen Glück und Zufriedenheit. Zufriedenheit meint im Gegensatz zum Glück einen länger anhaltenden, situationsunabhängigen Zustand,[40] eine stabile Wetterlage sozusagen. Glücksmomente sind hingegen situationsabhängig. Zufriedenheit beschreibt eine innere Grundhaltung. Das Leben mit all seinen Höhen und Tiefen und allen Gefühlen zu akzeptieren, schafft die Basis für Zufriedenheit. Denn Zufriedenheit setzt Akzeptanz voraus. Wenn wir uns darauf einlassen, dass das Leben nicht aus einer Aneinanderreihung rosaroter Glückswellen besteht, fällt es uns leichter, Zufriedenheit zu finden. Man schaut auf das Meer und sieht in allen Wellen einen Sinn und eine Möglichkeit. Zu einer stabilen seelischen Wetterlage gehört außerdem die Fähigkeit, aus Krisen und Rückschlägen etwas lernen zu können und zu wollen, anstatt darüber zu verbittern und sich unaufhörlich zu fragen, warum das Leben manchmal so ungerecht ist. Es muss nicht immer das große Glücksgefühl sein, das zu mehr Wohlbefinden führt. Wertschätzende, vertrauensvolle soziale Beziehungen und das Gefühl von Selbstwirksamkeit können das Zufriedenheitsbarometer ebenso beeinflussen. Das Zutrauen, sein Leben gestalten und meistern und Beziehungen herstellen zu können, machen jede emotionale Welle surfbar. Glückswellen werden durch Aktivitäten ausgelöst, Zufriedenheit gewinnt man durch Achtsamkeit und Akzeptanz.

ÜBUNG Den Aufmerksamkeitsscheinwerfer auf versteckte Momente von Glück und Zufriedenheit richten

Was zaubert dir ein Lächeln ins Gesicht? Mach eine Liste! Versuche, die kleinen Momente der Zufriedenheit im Alltag bewusster wahrnehmen. Leg dich auf die Lauer und erwische sie!

Teil V

Selbstwertgefühl oder:
Der eitrige Zahn

17 Jeder hat Selbstwertprobleme

Selbstwertgefühl – Was ist das eigentlich?

Die meisten Patient:innen und Klient:innen geben am Anfang der Therapie das Ziel an, ihr Selbstwertgefühl stärken oder aufbauen zu wollen. Ein Mangel an Selbstwertgefühl oder besser gesagt ein instabiles Selbstwertgefühl ist in der Tat eine häufige Ursache für psychische Beschwerden. Oft ist er sogar der eitrige Zahn, also die Wurzel oder der Ursprung vieler seelischen Probleme. Aber was genau ist nun dieses Selbstwertgefühl? Wann haben wir ausreichend davon? Was passiert, wenn wir uns selbst nicht genügen? Und wie können wir es verbessern? Schaffen wir es, unser Selbstwertgefühl zu stärken, lassen sich schmerzhafte Gefühle deutlich leichter bewältigen. Mit einem stabilen Selbstwertgefühl steht man sicherer auf dem Surfbrett und wird nicht gleich von jeder Welle runtergefegt. Es ist in doppelter Hinsicht ein guter Schutz, da man auf der einen Seite von Gefühlswellen weniger schnell überrollt wird und auf der anderen Seite so manche negative Gefühlswelle erst gar nicht entsteht. Die gute Nachricht ist: Selbstwertgefühl lässt sich trainieren. Man kann lernen, sich selbst mehr wert zu sein. Fast jeder Mensch hat Selbstwertprobleme und es ist auf den ersten Blick gar nicht so leicht, diese zu lösen und das Selbstwertgefühl aufzubauen. Mach doch mal eine kleine Umfrage in deinem Freundeskreis! Ich würde wetten, wenn du offen und ehrlich erzählst, dass du an dir zweifelst und dein Selbstwertgefühl vielleicht nicht das beste ist, sagen dir deine Freunde, dass es ihnen genauso geht. Auf unserer letzten Etappe in diesem Buch will ich versuchen, dir einen kleinen Wegweiser für mehr Selbstwertgefühl zu geben.

Selbstwahrnehmung und Selbstbewusstsein

Eine Voraussetzung für eine gesundes und stabiles Selbstwertgefühl ist die Selbstwahrnehmung oder das Selbstbewusstsein. Daniel Goleman, ein bekannter amerikanischer Psychologe und Wissenschaftsjournalist, definiert Selbstwahrnehmung als die Fähigkeit, eigene innere Zustände, darunter Emotionen, Präferenzen und Ressourcen sowie Intuitionen zu verstehen und zu erkennen.[41] Wie wichtig eine bewusste Wahrnehmung unserer inneren Zustände und vor allen Dingen unserer Gefühle und Gedanken ist, haben wir schon in vorherigen Kapiteln gesehen. Selbstbewusst sind wir dann, wenn wir unsere Gefühle und Gedanken, aber auch unsere Fähigkeiten und Eigenheiten bewusst wahrnehmen und diese letztlich akzeptieren.

Was hat das alles mit Gefühlen zu tun? Wir sollten uns erlauben, wir selbst und dabei fühlende Wesen zu sein. Sich selbst etwas wert zu sein beinhaltet nämlich auch, für seine Gefühle einzustehen und sich mit allen Stärken und Schwächen anzunehmen. Das schaffen wir, indem wir wieder Mut haben, etwas zu fühlen. Hat man beispielsweise Vortragsangst, so wird diese Angst ein Problem für das Selbstwertgefühl, wenn man sie nicht annimmt, sie leugnet und versucht, die Angst vor Scham, Blamage oder einer schlechten Bewertung zu vermeiden. Freunde ich mich aber gelassen mit der Angst an und akzeptiere ich sie als einen Teil von mir, kann sie meinem Selbstwertgefühl nichts anhaben. Selbstwertgefühl beginnt also mit Selbstwahrnehmung und Selbstakzeptanz. Ich habe viele Menschen gefragt, wie sie ihr Selbstwertgefühl definieren würden. Die meisten haben geantwortet, »mich selbst so zu akzeptieren, wie ich bin«. Schluss also mit dem Verstellen und Verbiegen! Es heißt, sich selbst mit all seinen Facetten bewusst und wohlwollend wahrzunehmen und sich so anzunehmen, wie man ist, mit allen Stärken und »Schwächen«. Ich will hier eigentlich nicht von Schwächen sprechen, denn das ist meiner Meinung nach einer der größten Fehler, den wir in der Gesellschaft begangen haben und begehen. Wir sanktionieren Ängste, Misserfolge, Scheitern und Gefühle generell als Schwäche. Der Indianer kennt keinen Schmerz. Heul nicht, reiß dich zusammen, sei stark. Wir fördern eine Kultur der Unterdrückung von Gefühlen, indem wir deren Ausdruck als schwach etikettieren. Wenn ich vor einem Vortrag zittrige Hände habe, mein Herz rast und mir vor Aufregung die Spucke wegbleibt, dann ist das ganz normal, verdammt noch mal! Das ist nicht schwach. Es ist stark, wenn ich mir meiner Gefühle bewusst bin, sie aussprechen kann und dann trotzdem zum Vortrag gehe.

Das heißt auch, zum Beispiel trotz Angst vor Ablehnung sich treu zu bleiben und authentisch zu sein. Sich nicht zu verbiegen. Nicht den Entertainer spielen zu müssen, sondern schüchtern sein zu dürfen und dabei die Erfahrung zu machen, dass man trotzdem gemocht wird. Sich nicht zu verstellen und für seine Gefühle zu schämen, sondern dazu zu stehen und sie nicht als Schwäche zu interpretieren. Es bedeutet, sich nicht für Fehler zu verurteilen, sondern aus ihnen zu lernen. Es geht letztlich darum, mehr Gelassenheit für und mit sich selbst zu entwickeln. Oft definieren wir unseren Wert ausschließlich über Leistung, Erfolg oder unser Aussehen. Das ist nicht besonders nachhaltig und außerdem gefährlich. Unser Wert sollte nicht nur von äußeren Dingen abhängen, denn das würde bedeuten, dass ich nichts wert wäre, sobald ich keinen Erfolg mehr habe oder keine Leistung mehr erbringe. Der Selbstwert sollte auf mehreren Säulen stehen. Welche das sein können, kannst du aus den Werten ableiten, über die wir bereits im ersten Teil des Buches gesprochen haben. Das können Familie und Freunde sein, Spiritualität, deine Interessen, Leidenschaften oder dein Beruf und deine Begabungen. Wichtig ist dabei allerdings, das Selbstwertgefühl nicht nur von schulischen oder beruflichen Leistungen abhängig zu machen. Generell kann man sagen, dass es sich auf mindestens vier Säulen stützen sollte: Selbstakzeptanz, Selbstvertrauen in die eigenen Fähigkeiten, die soziale Kompetenz und das soziale Netz, welches man sich aufgebaut hat.[42]

Im Laufe des Lebens haben wir leider häufig sehr einseitige Selbstwertsäulen gebildet. Sätze wie »Nur wenn ich Leistung bringe, bin ich etwas wert, werde ich anerkannt, werde ich gemocht« oder »Nur wenn ich dünn bin, werde ich geliebt« kennen wir von unserem inneren Kritiker. Diese tiefgreifenden und oft unbewussten Überzeugungen entstehen im Laufe des Lebens, wenn zentrale kindliche Bedürfnisse nach Anerkennung, Liebe, Zuwendung, Sicherheit und Autonomie nicht erfüllt werden.[43] Ein gesundes Selbstwertgefühl hingegen speist sich aus der Sicherheit, Liebe, Anerkennung und Zuwendung bedingungslos zu erhalten, ohne dafür etwas tun zu müssen. Ein erster Schritt zu mehr Selbstwertgefühl ist also die Selbstakzeptanz. Sich anzunehmen, wie man ist, und dabei all diese Glaubenssätze über Bord zu werfen. Ich bin etwas wert, weil ich ich bin und weil ich so bin, wie ich bin. Nicht unter einer bestimmten Bedingung. Wieso denken wir Menschen eigentlich, dass wir nur geliebt werden, wenn wir etwas leisten? Vollbringen wir Großes und tun uns mit glänzender Leistung hervor, ernten wir neben der Anerkennung nicht auch oft Missgunst und Neid?

Hör auf, auf dich selbst einzuprügeln. Hör auf, dich dauernd mit anderen zu vergleichen. Du selbst bist dein einziger Maßstab und dein Selbstwertgefühl hängt von deiner eigenen Bewertung ab. Interessanterweise haben sehr selbstbewusst wirkende Menschen oft ein fragiles Selbstwertgefühl. Schon bei der kleinsten Kritik geraten diese Menschen in eine massive emotionale Krise. Also hör auf, dich zu verbiegen oder dein Selbstwertgefühl durch Überkompensation ausgleichen zu wollen. Du musst niemandem etwas beweisen. Natürlich lassen sich Vergleicheritis und das Streben nach Anerkennung nie vollständig abstellen. Es ist in Ordnung, sich zu vergleichen, aber nicht ständig. Und auch nicht dauernd mit Menschen, die klüger, schöner, reicher, oder erfolgreicher sind als wir. Die wird es immer geben, das müssen wir letztlich akzeptieren. Sich ständig zu vergleichen und den eigenen Wert an Bedingungen zu knüpfen, macht krank. Mach dir stattdessen bewusst, was du in deinem Leben schon geschafft hast. Und damit meine ich nicht nur schulische oder berufliche Erfolge, sondern, welche Herausforderungen du schon bewältigt, welche Krisen du gemeistert und wie du dich bisher weiterentwickelt hast. Überlege dir auch, welche sozialen Beziehungen du in deinem Leben schon geknüpft hast und dass du in der Lage bist, Freundschaften und Beziehungen aufzubauen. Die meisten sozialen Beziehungen sind nicht per Zufall entstanden. Wir haben mit unseren sozialen Fertigkeiten dazu beigetragen. Darauf können wir stolz sein. Erinnere dich auch an den ersten Teil des Buches und deine alten Wunden. Frage dich, welche Stärken aus deinen Verletzungen hervorgegangen sind. Ich bin mir sicher, du bist daran gewachsen.

Selbstwertgefühl und Wachstum

Wenn man sich weiterentwickeln, sich verändern oder wachsen will, sollte man sich ermutigen und anspornen, aber nicht über Angst, Schrecken oder Abwertung, sondern über liebevolle Ermutigung, Zuspruch und Vertrauen.

Wir machen mal ein kleines Experiment: Stell dir vor, du sprichst mit einem Kind, vielleicht sogar mit deinem inneren Kind. Das Kind ist circa sieben Jahre alt und du möchtest es ermutigen, mehr Sport zu machen oder für die Schule zu lernen. Schnapp dir zwei Stühle. Ja, das meine ich ernst. Stell die zwei Stühle in deinem Zimmer gegenüber auf. Auf den einen Stuhl setzt du jetzt gedanklich dein inneres siebenjähriges Kind. Versuch, dir vorzustellen, wie es aussieht, was es anhat, welchen Gesichtsausdruck es hat. Auf den anderen Stuhl setzt du dich selbst. Und jetzt machen wir zwei Durchgänge. Ich möchte, dass du dein inneres Kind motivierst, mehr Sport zu machen oder für die Schule zu lernen, und zwar auf dieselbe grausame Weise und mit den gleichen Worten, die du für dich selbst sonst immer verwendest. »Wenn du nicht mehr Sport machst, wirst du noch dicker, du fette Kuh!«, »Du bist eklig, schau dich doch mal an, du musst mehr Sport machen!«, »Du musst mehr lernen, du Versagerin! Wenn du noch so eine schlechte Note nach Hause bringst, brauchst du dich hier nicht mehr blicken zu lassen«, »Streng dich mehr an, du Dummkopf! Wie blöd kann man sein?«, »Wenn du nicht die Beste bist, dann bist du ein Nichts«. Ich bin mir sicher, du hast in deinem Repertoire selbst auch einige dieser toxischen Sätze auf Lager. Also, los geht's. Versuche, das Kind auf dem Stuhl gegenüber mit diesen Sätzen anzufeuern.

Wie wird sich dieses Kind jetzt fühlen? Versetz dich in seine Lage. Setz dich auch mal auf den Stuhl des Kindes und lass die Sätze auf dich wirken. Was spürst du? Wahrscheinlich wird dein inneres Kind Angst haben, traurig und verzweifelt sein – vielleicht wird es sogar weinen. Wäre das Kind motiviert, etwas zu erreichen? Ich denke nicht. Und wenn ja, dann nur getrieben durch Angst und Schmerz. Weil es sich vor deiner Wut und deiner Abwertung fürchtet und verzweifelt versucht, von dir geliebt und anerkannt zu werden. Aber es würde dabei leiden und sich nicht wirklich frei entfalten können. Würdest du so mit einem Kind sprechen? Ich hoffe nicht. Warum also sprichst du so mit deinem inneren Kind? Warum machst du dir Angst, warum wertest du dich ab? Das führt vielleicht mal zu mehr Leistung und spornt dich an, aber du bist dabei zutiefst unglücklich. Verständlicherweise. Und dein Selbstwertgefühl wird immer kleiner. Hier hast du also das Rezept, um dein Selbstwertgefühl zu zerstören: Werte dich ab und sei unerbittlich mit dir selbst.

Teil 2 des Experiments: Versuche nun, das imaginäre innere Kind auf dem Stuhl gegenüber liebevoll und unterstützend anzufeuern. Erinnere dich an das Kapitel Selbstmitgefühl und dass Studien zeigen konnten, wie man sich durch Selbstmitgefühl zu besserer Leistung motivieren kann. »Du schaffst das, ich weiß, du kannst das! Ich bin mir sicher, wenn du ein bisschen lernst, dann wird das klappen«, »Du machst das schon, ich glaub an dich«, »Schau einfach, was du schaffst, und das ist in Ordnung«. Na, wie fühlt sich das Kind jetzt? Was macht das Selbstwertgefühl?

Ein stabiles und gutes Selbstwertgefühl zu haben, indem man darauf verzichtet, sich abzuwerten oder über Angst, Stress und Druck zu besserer Leistung anzufeuern, bedeutet nicht, dass man sich nicht weiterentwickeln, verändern oder wachsen kann oder dass man keine Erwartungen an sich und keinerlei Wunschvorstellungen vom eigenen Ich mehr haben darf. Feuere dich liebevoll an, wenn du etwas erreichen willst. Erlaube dir aber auch, Fehler zu machen und zu scheitern. Es kommt auf deine eigene innere Sprache an. Eine andere Haltung zu dir selbst zu finden bedeutet zum Beispiel, die Perspektive bezüglich Fehlern zu verändern. Versuche, Fehler als Chance zu sehen, als eine Möglichkeit, etwas zu lernen. Nur dadurch können wir uns weiterentwickeln und wachsen. Im Umkehrschluss bedeutet das, Fehler zu machen hilft dir, dich zu verbessern und deiner Wunschvorstellung deines Selbst näher zu kommen. Also, trau dich! Wenn du Fehler machst oder scheiterst, wirst du daraus etwas lernen können. Fehler zu machen kann also das Selbstwertgefühl langfristig sogar verbessern, wenn wir es schaffen, unsere Fehler als Chance und nicht als Scheitern zu werten.

Auch eine aktive Selbstfürsorge kann den Selbstwert stärken. Zeige dir selbst, dass du dir etwas wert bist. Geh dabei nicht immer den Umweg über die anderen in der Hoffnung Liebe und Anerkennung als Gegenleistung zu erhalten. Schenke dir selbst Zutrauen und freundliche Worte.

Hier noch ein paar Tipps zur Stärkung des Selbstwertgefühls:

ÜBUNG Stärkung des Selbstwertgefühls

Versuche, dich selbst mehr zu akzeptieren und so anzunehmen, wie du bist.
Vergleiche dich nicht so viel mit anderen.
Überdenke deine Ansprüche an dich selbst.
Begegne dir mit mehr Mitgefühl.
Sei freundlich zu dir selbst.
Erlaube dir, Fehler zu machen und Schwächen zu haben, und lerne aus ihnen.
Steh zu deinen Gefühlen.
Riskiere Gefühle von Scham, Schuld und Scheitern.
Verhalte dich authentisch und verbiege dich nicht aus Angst vor Zurückweisung oder Kritik.
Begegne dir mit Liebe, Respekt und Anerkennung.
Verteidige deine Grenzen und steh für dich ein.

Mach dir bewusst, worauf du stolz bist, was du in deinem Leben schon geschafft hast und welche Krisen du schon gemeistert hast.
Welche Stärken sind aus deinen Verletzungen entstanden?

18 Empathie – Gefühle verbinden

Zwischenmenschliche Gefühlswellen

Wenn ein Mensch geboren wird, ist er zunächst stark auf Hilfe von außen angewiesen in Bezug auf Essen, Einschlafen, Sauberkeit, Sicherheit, Wärme und Emotionsbewältigung. Eltern regulieren die Gefühle ihrer Kinder und helfen ihnen, ihre Bedürfnisse zu erfüllen. Wir sind von klein auf daran gewöhnt, mit unseren Gefühlen nicht allein klarkommen zu müssen – und doch wenden wir uns im Erwachsenenalter mit unseren Emotionen von anderen ab und wenden uns nach innen, anstatt Hilfe zu suchen. Wir lenken uns ab, betäuben uns, verdrängen Gefühle ... In den vorherigen Kapiteln haben wir viel darüber gelernt, wie man besser mit Gefühlen zurechtkommen kann. Die meisten Impulse waren Strategien, die man für sich allein gut anwenden kann. Aber Fakt ist: Wir sind nicht allein auf dieser Welt. Die interpersonelle, also zwischenmenschliche Gefühlsbewältigung spielt ebenfalls eine wichtige Rolle. (Sollte es tatsächlich niemanden im Leben geben, mit dem du über deine Gefühle sprechen kannst, dann wende dich an professionelle Helfer.)

Kinder gehen sehr offen mit Emotionen und Bedürfnissen um: Wenn sie Hunger haben, schreien sie, wenn sie Angst haben, traurig oder müde sind, weinen sie, wenn sie wütend sind, schreien und weinen sie oder schlagen wie wild um sich. Ihre Gefühle sind meist deutlich erkennbar und sichtbar, denn sie haben noch nicht gelernt, sie zu vermeiden, zu verdrängen oder zu betäuben. Sie wurden noch nicht bestraft oder lächerlich gemacht. Das Kind traut sich, sich unverblümt authentisch und echt zu zeigen, mit all seinen emotionalen Regungen.

Eine gute und gesunde Eltern-Kind-Beziehung beinhaltet das feinfühlige Erspüren dieser Gefühle und der dahinter stehenden Bedürfnisse. Es bedeutet, die Gefühle, Bedürfnisse, Wünsche und Motive des Kindes zu verstehen sowie angemessen und verlässlich darauf zu reagieren, denn die emotionale Verbundenheit oder das Bedürfnis nach Bindung ist ein menschliches Grundbedürfnis. Das Konzept der Feinfühligkeit wurde von Mary Ainsworth, einer amerikanischen Wissenschaftlerin und Bindungsforscherin, entwickelt.[44] Wenn die Eltern-Kind-Beziehung gelingt, lernen wir, auf gesunde Art und Weise mit unseren Emotionen umzugehen, Gefühle anzunehmen und uns über unsere Bedürfnisse klar zu werden. Ein weinendes Kind wird im besten Fall von seinen Eltern getröstet, ein wütendes Kind beruhigt, ein ängstliches Kind ermutigt. Die Eltern zeigen Verständnis und Interesse für das Erleben und Fühlen des Kindes, sie respektieren und validieren dessen subjektives Erleben, anstatt zu sagen, dass es keine Angst haben muss oder alles nicht so schlimm ist. Die Unterstützung bei der Bedürfnisbefriedigung und Emotionsregulation sollte altersentsprechend angepasst werden, wobei die Balance zwischen elterlicher Fürsorge und Förderung der Selbstständigkeit nicht immer einfach ist. Es gibt dabei viele Störfaktoren. Daraus können sich die in Teil I beschriebenen alten Wunden ergeben, wenn Eltern, Großeltern, Onkel und Tante, Geschwister, Cousinen, Mitschüler, Lehrer oder Trainer unsere Gefühle verletzen.

Letztendlich sind wir Menschen es gewohnt, Hilfe von anderen bei der Gefühlsbewältigung zu erhalten, auch wenn es dabei zu Schäden kommen kann. Seine Gefühle mitzuteilen, sich zu öffnen und bei anderen Verständnis, Fürsorge oder

Rat zu suchen, ist in unserer Natur angelegt. Es ist eine echte und gesunde Alternative zu Alkohol, Drogen, Selbstverletzung, Selbstabwertung, Verdrängen durch exzessives Arbeiten und all den anderen ungesunden und gefährlichen Strategien. Über Gefühle kommen wir uns nahe. Gefühle verbinden.

All die Strategien, die wir besprochen haben, lassen sich auch auf den zwischenmenschlichen Bereich anwenden. Wir können anderen Menschen helfen, ihre Gefühle auf gesunde Weise zu bewältigen, indem wir sie wahrnehmen und ihnen mit Empathie begegnen. Indem wir dem Gegenüber einen sicheren Raum geben, seine Gefühle zu zeigen und zu äußern, ohne dass sie verharmlost, bestraft oder lächerlich gemacht werden. »Erzähl mal, wie geht es dir? Was ist los?« Und vor allen Dingen, ohne dass wir sofort eine Lösung anbieten müssen. Gemeinsam Gefühle zu surfen bedeutet, die Wellen des anderen ebenso auszuhalten wie unsere eigenen. Wir können uns gegenseitig helfen, die Wellen auf gesunde Weise zu surfen, indem wir einander zuhören und unsere Gefühle gegenseitig validieren, also Verständnis dafür aufbringen. Manchmal fühlen wir uns von den Emotionen der anderen überfordert und hilflos. Das führt dazu, dass wir dazu neigen, die Gefühle der anderen so schnell wie möglich beseitigen zu wollen. Wir wollen irgendwie helfen, schnell eine Lösung finden. In der Regel ist das aber gar nicht notwendig und führt eher zu einer Invalidierung von Gefühlen, denn das erzeugt beim Gegenüber das Gefühl, nicht verstanden zu werden. Was wir vor allem von anderen Menschen brauchen, wenn wir es mit schwierigen Emotionen zu tun haben, ist Beistand und Verständnis. Wenn dir jemand von seinen Gefühlen erzählt oder sie zeigt, dann tu erst mal nichts, außer zuhören. Es geht nicht darum, eine Lösung zu finden. Versuche einfach, da zu sein und Verständnis zu zeigen. »Ich kann nachvollziehen, dass es dir so geht.« Erst dann sollte man nach Lösungen suchen, und zwar gemeinsam. Es ist durchaus erlaubt, sein Gegenüber zu fragen, was man tun kann, um zu helfen. Es ist auch in Ordnung, zu sagen, dass man sich hilflos fühlt und nicht weiß, wie man helfen kann. Beistand und Verständnis (»Ich bin für dich da«, »Ich verstehe das«) sind Schritte, die nicht übersprungen werden dürfen. In vielen Fällen reicht das schon, um jemandem zu helfen, die Welle auf gesunde Weise zu bewältigen. Gemeinsam Gefühle auszuhalten, verbindet und stärkt uns. Zudem zeugt es von Wertschätzung und ist ein großer Vertrauensbeweis, wenn jemand sich uns anvertraut. Denk das nächste Mal daran, wenn du zögerst, dich jemandem zu öffnen, dass dieser Mensch sich durch dein Vertrauen gut fühlen wird. Traust du dich also, deine Gefühle jemandem mitzuteilen, wird das bei deinem Gegenüber vielleicht sogar schöne und angenehme Gefühlswellen auslösen, auch wenn deine gerade schmerzliche sind, denn die Person, die dir helfen darf, wird sich geliebt, gebraucht und wertgeschätzt fühlen. Gefühle verbinden.

ÜBUNG Empathie

Begegne deinen Mitmenschen mit Empathie. Hilf deinen Freunden oder deiner Familie beim Fühlen, indem du ihre Gefühle validierst. Erlaube auch anderen Menschen, dir mit deinen Gefühlswellen zu helfen. Denk daran, dass du bei deinem Gegenüber gute Gefühle auslöst, wenn du dich öffnest und jemandem anvertraust.

Die Sicherheitsinsel verlassen

Aus den unterschiedlichsten Gründen fangen Menschen an, ihre Gefühle vor anderen zu verbergen. Sie verschließen sich in sich selbst und fragen sich ständig, warum ihnen vertrauensvolle und enge Beziehungen nicht gelingen. Sie fühlen sich allein und missverstanden. Was all diesen Menschen gemeinsam ist, ist die Angst vor Gefühlen. Die Angst vor Scham, Verletzung und dem Alleinsein macht einen letztlich einsam. Irgendwann in der Biografie dieser Menschen gab es einen Bruch, eine Verletzung, und daraus entwickelte sich die Überlebensstrategie, Gefühle für sich zu behalten, sie zu unterdrücken, um sie vielleicht selbst irgendwann nicht mehr spüren zu müssen. Diese Menschen verhalten sich sich selbst und anderen gegenüber distanziert, obwohl sie es gar nicht wollen. Sie leben auf einer sicheren Insel und tragen einen Schutzanzug, der sie vor den Gefahren, die Gefühle mit sich bringen, schützt. Auf dieser Insel lässt es sich gut leben. Es ist sicher. Aber das hat einen hohen Preis: Wahre Nähe zu anderen Menschen ist dort nicht möglich. Aus der Ferne ist eine andere Insel sichtbar, doch der Zutritt zu dieser Insel ist nur ohne Schutzpanzer möglich und der Weg dorthin schwer zu finden. Eine Brücke muss gebaut werden und man muss den Mut haben, ohne den Schutzanzug hinüberzugehen. Man sieht die Insel der Träume aus der Ferne. Sie ist wunderschön und gleichzeitig unheimlich beängstigend. Auf der neuen Insel müsste man Gefühle zeigen und andere Menschen an sich heranlassen. Dabei kann man übel verletzt werden. Deshalb tendieren viele von uns dazu, auf ihrer sicheren Insel zu bleiben. Trotzdem lohnt es sich, die Insel der Nähe mal auszuprobieren. Man kennt sie schließlich noch nicht oder hat sie schon lange nicht mehr besucht. Erst wenn man beide Inseln erlebt hat, lässt sich bewusst und frei entscheiden, wo man tatsächlich leben will. Die Brücke zurück zur Insel der Sicherheit existiert nach wie vor. Es ist jederzeit möglich, dorthin zurückzukehren.

Trau dich, deine Gefühle zu zeigen, sie mitzuteilen und in Gemeinschaft zu erleben, denn das stellt Nähe her. Gefühle verbinden. Sich authentisch und verletzlich zu zeigen, ist der

Schlüssel, um in Beziehung zu anderen Menschen zu kommen und wahre Nähe zu erleben.

ÜBUNG Lass uns über Gefühle sprechen!
Nimm dir vor, mit einer Freundin oder einem Freund über deine Gefühle zu sprechen. Erzähle, wie du dich fühlst, sprich es aus. Wenn du Angst vor einer unguten Reaktion deines Gegenübers hast, dann gib ihm oder ihr eine Anleitung. »Ich werde dir von meinen Gefühlen erzählen, das ist eine große Überwindung für mich … Du musst nichts tun außer zuhören. Du musst mir keine Lösungsvorschläge oder Ähnliches anbieten. Ich wünsche mir einfach nur, dass du mir zuhörst und mich verstehst.«
Dies kann auch als Partnerübung durchgeführt werden: Jeder berichtet über seine Gefühle und der andere versucht, zuzuhören und Verständnis zu zeigen.

Raus aus der Selbstbezogenheit

Ab und an sollten wir aufhören, uns dauernd nur mit uns selbst zu beschäftigen. Wir sollten uns eine Pause von uns selbst gönnen. Das beständige Reflektieren, die zwanghafte Selbstoptimierung und die dauernden Grübeleien über das eigene Innenleben können zermürbend sein und haben Zweifel und Unsicherheit zur Folge. Am Ende dieses Buches, in dem wir uns über so viele Seiten hinweg mit uns selbst beschäftigt haben, ist es nun an der Zeit, die Aufmerksamkeit nach außen zu richten und etwas für andere zu tun. Wir sollten uns nicht immer nur fragen, was wir von der Welt bekommen oder wie wir am besten und glücklichsten leben, sondern auch, was wir in dieser Welt geben können. Mach ab und zu Schluss mit der Selbstbezogenheit. Tu etwas für andere. Denn interessanterweise löst die Fürsorge für andere bei uns selbst auch angenehme Gefühle aus. Damit hat die selbstlose Aktivität zwar einen egoistischen Zweck, aber das ist meines Erachtens legitim und verschmerzbar. Nachweislich macht die Fürsorge für andere glücklich und zufrieden.[45] Etwas für andere tun kann sehr sinnstiftend sein. Die sogenannte positive Psychologie hat sich in den letzten Jahren intensiv mit diesem Thema beschäftigt und kam in vielen Untersuchungen zu dem Ergebnis, dass wir durch altruistisches, also selbstloses Verhalten unser Glücksempfinden deutlich steigern können.[46] Warum sollten wir diesen Effekt nicht nutzen? Außerdem tut es gut, mal eine Pause von sich selbst zu bekommen.

ÜBUNG Raus aus der Selbstbezogenheit!

Tu etwas für andere und beobachte, wie sich deine Stimmung dabei ändert. Frag zum Beispiel nach, wie es jemandem heute geht. Zeige Interesse an den Gefühlen deiner Mitmenschen. Biete anderen deine Hilfe an. Sei freundlich zu anderen und beobachte, welchen Effekt das auf deine Gefühlslage hat.

ÜBUNG Gefühle bei anderen validieren

Übe die Technik des Validierens aus Teil I im Gespräch mit deinen Mitmenschen. Höre aktiv zu, wiederhole, was dein Gegenüber gesagt hat, mit eigenen Worten und validiere die Gefühle des anderen. »Das kann ich gut verstehen«, »Das kann ich mir vorstellen«, »Das kann ich nachvollziehen« sind dafür geeignete Sätze. Praktiziere das Validieren, wann immer jemand sich dir emotional öffnet, und warte mit Lösungsvorschlägen erst mal ab. Gefühle müssen nicht immer sofort beseitigt werden.

Schlusswort

Manchmal ist diese Welt so überfordernd und beängstigend, dass wir uns einfach nur die Decke über den Kopf ziehen wollen und keine Kraft mehr haben zu kämpfen. Es gibt Zeiten, in denen alles zu schwer erscheint, Momente, in denen man alles hinschmeißen will. Das Leben ist nicht leicht. Ab und an ist es okay, das Leben anzuhalten und sich für eine gewisse Zeit zu verkriechen. Aber dann komm zurück, nimm die Angst bei der Hand und trau dich, wieder rauszupaddeln, um deine Gefühlswellen zu surfen. Sprich mit anderen Menschen darüber und bleib mit deinen Gefühlen nicht allein. Gefühle haben immer einen Anfang und ein Ende.

Und vergiss nicht: Durchbrechen wir unsere alten Muster, kommt uns das zunächst komisch vor. Es ist ungewohnt, es macht Angst und fühlt sich am Anfang meist nicht so gut an. Aber irgendwann wird es leichter, versprochen! Nur Mut zum Fühlen!

Anhang: Wege in die Psychotherapie

Es gibt verschieden Möglichkeiten, einen Therapieplatz zu finden. Da es mühsam sein kann, ohne Anhaltspunkte im Internet nach einer geeigneten Therapie zu suchen, findest du hier ein paar Tipps zur Therapeut:innensuche.

Eine erste Anlaufstelle bei psychischen Beschwerden ist **die Hausärztin oder der Hausarzt**. Sprich über deine psychischen Beschwerden und trau dich, dort um Hilfe zu bitten.

- Es lohnt sich auch, bei der Terminservicestelle der Kassenärztlichen Vereinigung anzurufen. Dort sind in der Regel die aktuell freien Therapieplätze gelistet. Terminservicestellen der KV sind bundesweit erreichbar unter der Nummer 116 117.
- Eine weitere Anlaufstelle ist der **Facharzt oder die Fachärztin für Psychiatrie**. Viele Psychiater:innen arbeiten eng mit niedergelassenen Psychotherapeut:innen zusammen und kennen die einschlägigen Adressen in der Nähe. Der/Die Psychiater:in kann auch entscheiden, ob ein ambulantes Therapieangebot ausreicht oder ob eventuell eine medikamentöse Therapie oder ein stationärer Aufenthalt sinnvoll und notwendig sind.
- Viele Therapeut:innen haben ein Profil auf einem Online-Portal wie zum Beispiel **www.therapie.de**. Dort erhältst du außerdem weitere nützliche Informationen zum Beispiel über den Unterschied zwischen psychologischen Psychotherapeut:innen und Heilpraktiker:innen für Psychotherapie.

- Last but not least lohnt es sich, über die Suchmaschine im Internet Therapeuten in der Nähe des Wohnorts zu finden und zu kontaktieren. Eventuell führen sie eine **Warteliste**, auf die man sich setzen lassen kann. Mit etwas Wartezeit ist zu rechnen, manchmal geht es aber auch schneller als gedacht.

Literaturverzeichnis

1 Van der Kolk, B. (2021). Verkörperter Schrecken: Traumaspuren in Gehirn, Geist und Körper und wie man sie heilen kann. G. P. Probst.

2 Neudeck, P., Lammers, C.-H., Eismann, G. (2015). Emotionsfokussierte Methoden. Techniken der Verhaltenstherapie. Beltz.

3 Kaluza, G. (2018). Gelassen und sicher im Stress: Das Stress-Kompetenz-Buch: Stress erkennen, verstehen und bewältigen. Springer.

4 Faßbinder, E., Ulrich, U. & Jacob, G. (2016). Therapie-Tools Schematherapie. Beltz.

5 Van der Kolk, B. (2021). Verkörperter Schrecken: Traumaspuren in Gehirn, Geist und Körper und wie man sie heilen kann. G. P. Probst.

6 Aldao, A., Nolen-Hoeksema, S. & Schweizer, S. (2010). Emotion-regulation strategies across psychopathology: A meta-analytic review. *Clinical psychology review, 30* (2), S. 217–237.

7 Van der Kolk, B. (2021). Verkörperter Schrecken: Traumaspuren in Gehirn, Geist und Körper und wie man sie heilen kann. G. P. Probst.

8 Eger, E. E., (2018). Ich bin hier und alles ist jetzt. Warum wir uns jederzeit für die Freiheit entscheiden können. btb.

9 Sloan, E., Hall, K., Moulding, R., Bryce, S., Mildred, H. & Staiger, P. K. (2017). Emotion regulation as a transdiagnostic treatment construct across anxiety, depression, substance, eating and borderline personality disorders: A systematic review. Clinical Psychology Review, 57, S. 141–163.

10 Visted, E., Vollestad, J., Birkeland Niesen, M. & Sanche, E. (2018). Emotion Regulation in Current and Remitted Depression: A Systematic Review and Meta Analysis, Frontiers in Psychology, 9, S. 756.

11 Lewinsohn, P. M. (1974). A behavioral approach to depression. *Essential papers on depression*, S. 150–172.

12 Grawe, K. (2004). Neuropsychotherapie. Hogrefe.

13 Chbosky, S. (2011). Das ist also mein Leben. Heyne.

14 Feldman Barrett, L. (2018). How Emotions Are Made: The secret Life of the Brain. Pan Books.

15 Linehan, M. (2021). Building A Life Wirth Living: A Memoir. Random House.

16 Eismann, G. & Lammers, C-H. (2017). Therapietools Emotionsregulation: Mit E-Book inside und Arbeitsmaterial. Beltz.
17 Berking, M. (2017). Training emotionaler Kompetenzen: Extras Online. Springer.
18 Van der Kolk, B. (2021). Verkörperter Schrecken: Traumaspuren in Gehirn, Geist und Körper und wie man sie heilen kann. G. P. Probst.
19 Ellis, A. (1993). Die rational-emotive Therapie: Das innere Selbstgespräch bei seelischen Problemen und seine Veränderung. Pfeiffer.
20 Turner, R. J. & Brown, R. L. (2010). Social support and mental health. A handbook for the study of mental health: Social contexts, theories, and systems, 2, S. 200–212.
21 Van der Kolk, B. (2021). Verkörperter Schrecken: Traumaspuren in Gehirn, Geist und Körper und wie man sie heilen kann. G. P. Probst.
22 Linehan, M. (2021). Building A Life Wirth Living: A Memoir. Random House.
23 Roediger, E. (2015). Raus aus den Lebensfallen. Das Schematherapie-Patientenbuch. Junfermann.
24 Grawe, K. (2004). *Neuropsychotherapie.* Hogrefe.
25 Barnard, L. K. & Curry, J. F. (2011). Self-compassion: Conceptualizations, correlates & interventions. *Review of general psychology, 15* (4), S. 289–303.
26 Neff, K. D. (2012). The science of self-compassion. Compassion and wisdom in psychotherapy, 1, S. 79–92.
27 Krieger, T., Altenstein, D., Baettig, I., Doerig, N. & Holtforth, M. G. (2013). Self-compassion in depression: Associations with depressive symptoms, rumination, and avoidance in depressed outpatients. Behavior therapy, 44 (3), S. 501–513.
28 Neff, K. (2013). Selbstmitgefühl: Wie wir uns mit unseren Schwächen versöhnen und uns selbst der beste Freund werden. Kailash Verlag.
29 Breines, J. G. & Chen, S. (2012). Self-compassion increases self-improvement motivation. *Personality and Social Psychology Bulletin, 38* (9), S. 1133–1143.
30 Deci, E. L. & Ryan, R. M. (1993). Die Selbstbestimmungstheorie der Motivation und ihre Bedeutung für die Pädagogik. Zeitschrift für Pädagogik, 39 (2), S. 223–238.
31 Ryan, R. M. & Deci, E. L. (2000). Self-determination theory and the facilitation of intrinsic motivation, social development, and well-being. American psychologist, 55 (1), S. 68.
32 Art. 2 Abs. 1 GG (Auszug).

33 Ehret, A. M., Joormann, J. & Berking, M. (2015). Examining risk and resilience factors for depression: The role of self-criticism and self-compassion. Cognition and Emotion, 29 (8), S. 1496–1504.
34 Afonso, R. F., Kraft, I., Aratanha, M. A. & Kozasa, E. H. (2020). Neural correlates of meditation: a review of structural and functional MRI studies. *Frontiers in Bioscience (Scholars Edition), 12*, S. 92–115.
35 Reangsing, C., Rittiwong, T. & Schneider, J. K. (2021). Effects of mindfulness meditation interventions on depression in older adults: A meta-analysis. *Aging & Mental Health, 25* (7), S. 1181–1190.
36 Wengenroth, M. (2012). Therapie-Tools Akzeptanz-und Commitmenttherapie: Mit Online-Materialien. Beltz.
37 Emmons, R. A., Froh, J. & Rose, R. (2019). Gratitude. In: M. W. Gallagher & S. J. Lopez (Hg.), *Positive psychological assessment: A handbook of models and measures* (S. 317–332). American Psychological Association.
38 Jans-Beken, L., Jacobs, N., Janssens, M., Peeters, S., Reijnders, J., Lechner, L. & Lataster, J. (2020). Gratitude and health: An updated review. *The Journal of Positive Psychology, 15* (6), S. 743–782.
39 Wood, A. M., Joseph, S., Lloyd, J. & Atkins, S. (2009). Gratitude influences sleep through the mechanism of pre-sleep cognitions. Journal of psychosomatic research, 66 (1), S. 43–48.
40 Mayring, P. (2019). Wohlbefinden aus psychologischer Perspektive. In Emotionen (S. 139–143). JB Metzler.
41 Goleman, D. (1997). EQ. Emotionale Intelligenz. dtv.
42 Potreck-Rose, F. & Jacob, G. (2004). Selbstzuwendung Selbstakzeptanz Selbstvertrauen. Klett-Cotta.
43 Young, J. E., Klosko, J. S. & Weishaar, M. E. (2008). Schematherapie. Ein praxisorientiertes Handbuch. Junfermann.
44 Ainsworth, M. D. S. (1969). Maternal sensitivity scales. Power, 6, S. 1379–1388.
45 Seligman, M. (2012). Wie Menschen aufblühen: Die positive Psychologie des gelingenden Lebens. Kösel-Verlag.
46 Turner, R. J. & Brown, R. L. (2010). Social support and mental health. A handbook for the study of mental health: Social contexts, theories, and systems, 2, S. 200–212.